OHSAMA BUNKO

心にズドン!と響
「運命」の言葉

ひすいこたろう

三笠書房

今日までよくがんばったね、
生まれてきてくれて
ありがとう。

by 越智啓子

出典◉『インナーチャイルドの癒し』

はじめに――今日、あなたは「新しい自分」と出会います！

発見の旅とは、新しい景色を探すことではない。

新しい目を持つことなのだ。

――by マルセル・プルースト

運命を変える方法はひとつしかありません。
それは〝言葉〟と出会うことです。

成功する人は、成功する前に、成功をもたらす言葉と必ず出会っています。

幸せになる人は、幸せになる前に、幸せをもたらす言葉と必ず出会っています。

はじめに言葉ありき。

人間は唯一言葉を作った動物です。人から人へ言葉を通して歴史が刻まれ、言葉を通して気持ちを伝え、仲間ができ、社会ができた。言葉が人生を作るのです。

魂がふるえる「新しい言葉」と出会うときこそ、「新しいあなた」と出会うとき。体に水が必要なように、心には名言がいる。あなたのハートをノックアウトする名言が！

この本は、僕の中で「伝説」になっている名言をまとめたものです。

僕はコピーライターであり、作家であり、心理カウンセラーでもあるので、これまでに、数々の言葉と出会ってきました。なかでも、今回、僕の人生を大きく変えた名言中の名言を選《え》りすぐりました。

あなたの一生の友を作りたかったのです。

どうしていいかわからないようなときや、悩みがあるとき、そして人生で新しい一歩を踏み出したいとき、ページをめくれば、必ずあなたの力になれる言葉がある本。親友のように、一生ともに寄り添ってくれる本を作りたかったのです。

なぜなら、たったひとつの名言を知っていることで、運命が変わってしまうことがあるからです。

ここで僕の話を少しさせてください。

かつて、本の原稿の締め切り前日に、尊敬するある方に原稿を見ていただいたところ、思いきりダメ出しをされました。

前日ですから、もう99．999％原稿は完成している。ガックリと落ち込みました。しかもその方は具体的にどこを直せばいいかは言わなかったのです。

一日でいったい何ができる⁉

そこで僕は何をやったかというと、まず2時間寝ました。

「なぜそこで寝る？」と思うかもしれませんが、実は、ひすい家には、代々伝わる家訓がありまして、それが「困ったら寝ろ」だからです。そこで2時間仮眠して、そのあとは翌朝まで、自分がその日やれることをすべてやりつくしました。

原稿を提出した朝は、とてもすがすがしく気持ちよかったのを覚えています。もしあのまま落ち込んでいたら、このすがすがしさはなかったでしょう。

その本はおかげさまでベストセラーになりました。

ダメ出しをされたとき、落胆しながらも、瞬時に復活できたのには理由があります。

たったひとつ、この名言を知っていたからです。

正解を探すより、できることを探す。

——by 福島正伸

この名言を知っていたから、僕は瞬時に立ち直れたのです。

原稿のどこを直せばいいのか？　あの日、正解を探そうと思っていたら、僕は戸《と》惑《まど》い、悩むだけで一日を終えていたと思います。

でも、正解を探すのが人生ではない。

いまできることをやるのが、人生なんです。

それを教えてくれたのが、この名言でした。

たったひとつの名言を知っているだけで、人生がまったく変わってしまう。

だから、そんな、ひと言を届けたかった。

あなたに、「新しい目」をもたらす、人生を一瞬で変える「運命」の言葉を！

この本は、名言の余韻《よいん》を味わっていただけるように、縁結びの神様、出雲大社から10分のところに暮らす画家の日野さおりさんに、かわいいイラストを添えていただいています。

あなたといまこの瞬間、一生のご縁を結びました。

Forever
a little friend
for you

ひすいこたろう

Contents

はじめに――今日、あなたは「新しい自分」と出会います！ 5

Part 1 《いつだって、人を変えるのは言葉です！》

たったひと言で、運命が変わる法

❶世界一を作った「ひと言」 21
❷天才の共通点 25
❸天国と地獄は同じ場所？ 29
❹イヤなことの乗り越え方 33

❺ インスピレーションはどこからやって来る？ 37
❻ エジソンのつぶやき 43
❼ 宝物が埋まっている場所 47
❽ 「一番大きな石」の話 51
❾ 負けるが勝ち！ 57
❿ 人生最高の贈り物 61
⓫ 伝説の宝塚「ブス25箇条」 65

Part 2

《まさに幸福に気づく瞬間！》

そのとき、その言葉が、生き方を教えてくれた！

⓬ 自分の〝色〟を見つけるには？ 73

⑬神様を味方につける方法　77
⑭どっちがうれしい？　どっちが幸せ？　81
⑮究極のバースデープレゼント　85
⑯みんなに好かれなくったって、大丈夫！　89
⑰新しい出会いを引き寄せるオマジナイ　93
⑱1000本の桜を植えた男の話　97
⑲悩めば悩むほど、モテる？　103
⑳いまこのときが、0．1秒の〝奇跡〟　107
㉑楽しいを極めることが、「極楽」　111
㉒人生のわかれ道　115
㉓世界一簡単なエネルギーチャージ法　119

Part 3
《言葉がチャンスを引き寄せる！》

何でもない一日が、幸せな一日に変わる！

㉔毎日がハッピーバースデー 125
㉕100回やってダメでも、101回目がある！ 129
㉖「必殺ワザ」を磨け！ 133
㉗そのとき、奇跡は起こる！ 137
㉘たった一行の成功法則 141
㉙普通の毎日こそが幸せの本質 145
㉚人が飛躍する、その瞬間！ 151
㉛運命の扉の開き方 155
㉜〝心〟をこらして見てみよう 161
㉝欠点はあなたのステキな個性 165

㉞ 一寸先を〝光〟に変えるには？ 169
㉟「大人になる」ということ 173

Part 4

《絶対にあきらめない！》

ダメだと思ったとき、効く言葉がある！

㊱「当たり」の幸せって？ 181
㊲ Have a nice trip! 185
㊳ 毎日が一本勝負！ 189
㊴ ピンチはチャンス！ 193
㊵ ゴールはいつもハッピーエンド♪ 197
㊶ じっくり、ゆっくり！ 201

42 夢が現実に変わる！ 205
43 涙は心のデトックス 209
44 まずは一歩！ 213
45 心まで写るカメラ 217

Part 5
《ムダなことなど何もない！》

「新しい自分」を見つける、出会いの言葉

46 一秒で相手を虜にする法 223
47 自分革命！ 227
48 幸せの方程式 231
49 闇に光る宝物 235

㊿ 悩みの96％は取り越し苦労 239
51 最強の伝説を作れ！ 243
52 9回裏から人生ははじまる！ 247
53 ベストカップルの条件 251
54 この世は神様の夢の中！ 255

あとがきにかえて――出会いは神様からのギフト 259

さいごに…… 263

本文イラスト：日野さおり
ブックデザイン：穴田淳子

Part 1

《いつだって、人を変えるのは言葉です！》

たったひと言で、運命が変わる法

1

君は本気で生きてるか？

by ゲーテ

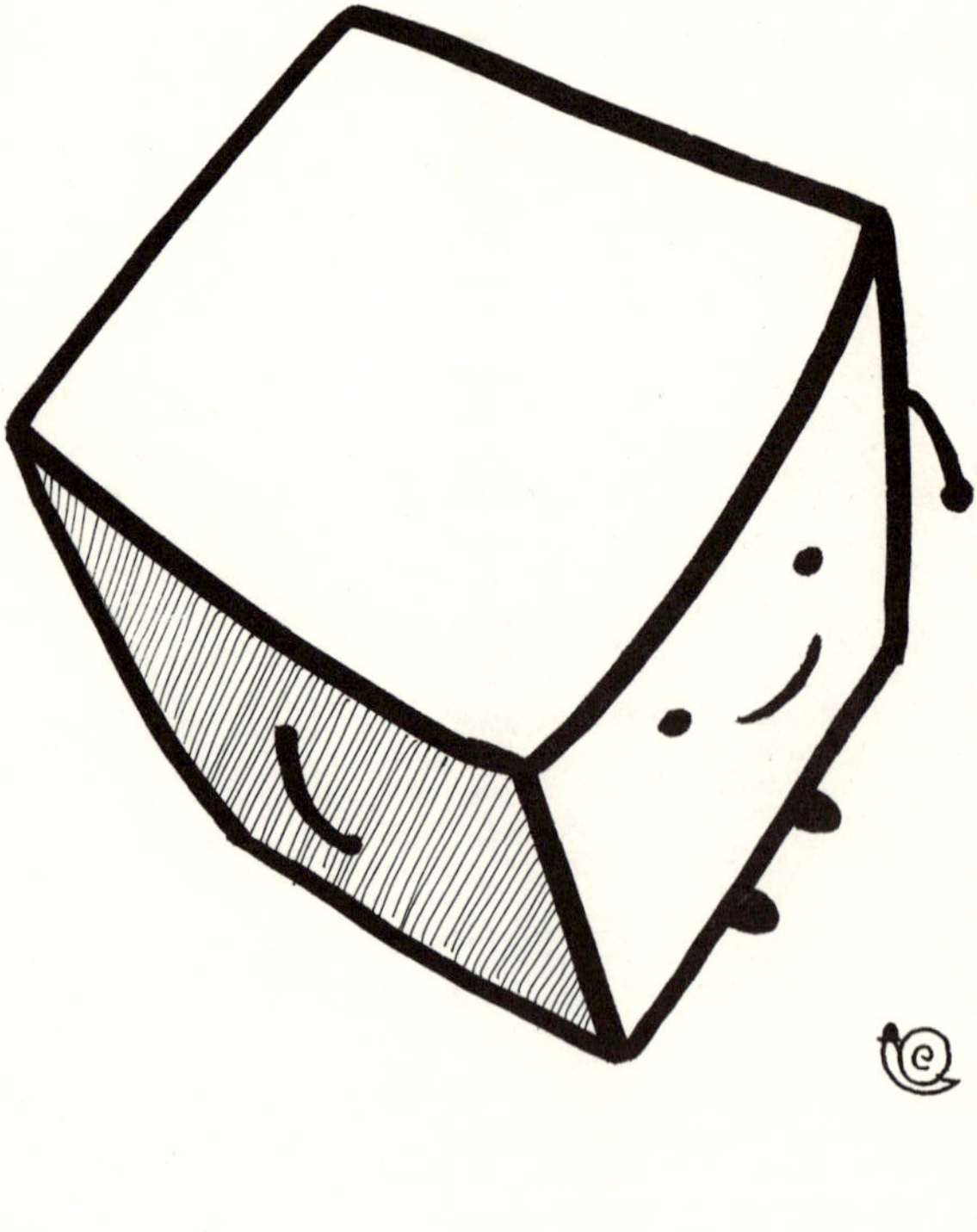

KAISETSU ❶

世界一を作った「ひと言」

世界最高峰の自動車レース、F1。

当時、イタリアの名門フェラーリは低迷、勝利からは遠ざかっていました。

1996年、そこにドイツ人のミハエル・シューマッハが移籍してきます。

チームフェラーリ。低迷していても、イタリア人としてのプライドは高い。ドイツから来たシューマッハを馬鹿にします。

「なんだあいつは。ドイツ人だろう。俺たちは、イタリアの名門フェラーリだ」

さらに、シューマッハは奇妙な行動を取っていました。毎日、夜中まで続くミーティングが終わると、家に帰らず、ドイツから持ち込んだ謎の一台のトレーラーに乗り込むのです。

シューマッハはひとり、トレーラーの中でいったい何をしているのか？

ある日、ひとりのスタッフが無理やりトレーラーに押し入りました。

「お前はいつもそこで何をしてるんだ!?　見せろ！」

トレーラーの中にはなんと、トレーニングマシンがズラリと並んでいました。シユーマッハは、ミーティングのあと、ひとりで体を鍛えていたのです。

そのとき、シューマッハはこう言いました。

「俺はフェラーリを世界一にする」

チームのメンバーは、何も言えませんでした。

次の日から、チームフェラーリは変わりました。

「何が何でも、シューマッハを世界一にしよう」を合言葉に、チーム一丸となったのです。

それは、チームだけにとどまらず、フェラーリ全社員にもおよびました。

みんなが、「シューマッハとフェラーリを世界一にしよう」という文字とともに、シューマッハの写真を机の前に貼って応援し出したのです。

本気の思いだけが人を動かすのです。

その4年後、シューマッハとフェラーリは、世界一になりました。

フェラーリにとって、21年ぶりの世界一です。

周りを変えるのではない。いつだって、変えるのは自分です。

たったひとりの本気から、世界一にだってなれるのです。

2

天才とは努力する凡才のことである。

by アインシュタイン

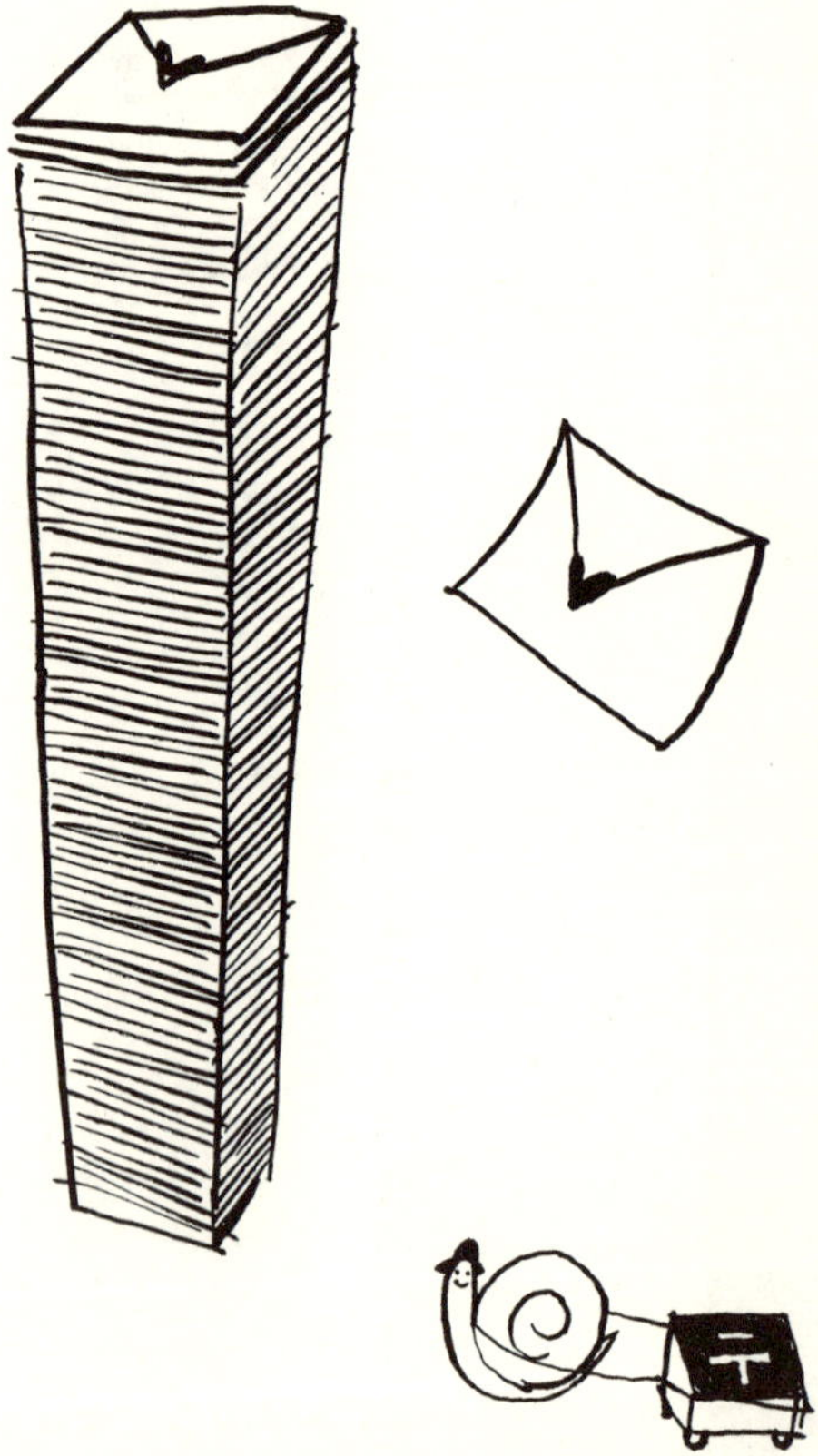

KAISETSU ❷

天才の共通点

ピカソが生涯に描いた作品の数は、14万8000点とも言われています。

ピカソの画家人生は、16歳で画家デビューしてから死ぬまでの75年間と言われているので、75年間一日も休まず一日一枚描いても、2万7393枚。

つまり一日5作品以上のペースで書き続けていたことがわかります。

ひょっとしたら、ピカソは人類史上、最も多くの絵画を描いたのかもしれません。

ちなみに、漫画家の手塚治虫さんが生涯に描いた作品数は700点以上、約15万枚。

心理学博士の小林正観先生から、「天才は数」と教わりました。

数のみが質を生むとも言えるし、それだけの数をこなせるほど、情熱的なまでに絵や漫画が好きだったからこそ天才になれた、とも言えるでしょう。

ところで、ゲーテがひとりの女性、シャルロッテに宛てたラブレターが残っています。

その数、なんと約１８００通。
ゲーテはラブレターを書きまくるうちに文章がうまくなったのかもしれません。

ゲーテは、すゲーテ！

――byひすいこたろう

3

うばい合えば足りぬ。
わけ合えばあまる。

by 相田みつを

出典◉『にんげんだもの―こころの暦』

KAISETSU ❸

天国と地獄は同じ場所？

天国と地獄は、実は同じ場所だってご存知でしたか？


そこにあるのは、一m以上の長い箸と料理の山。

その長い箸で食べるわけですから、必死に動かしてもなかなかご馳走を自分の口へ運ぶことができません。

うまく食べることができず、次第にガリガリに痩せていってしまいます。

この状態が地獄。


一方、「どうぞどうぞ」と、長い箸で自分の向こう側の相手に食べさせてあげている人たちがいます。

「ありがとうございます。今度は僕が代わりに食べさせてあげますね。あなたは何がお好きですか？」

ふたり仲良く協力し合って、おいしく食べる。

ここが天国。

天国と地獄は同じ場所。

ただ違うのは、わかち合おうと思う気持ちがあるか、ないか。

ただ、それだけなんです。

わかち合えば、地獄は3秒で天国に変わります。

わかち合えば増えるもの、それが幸せです。

4

人生はアップで見ると
悲劇だが、
ロングショットでは
コメディだ。

by チャールズ・チャップリン

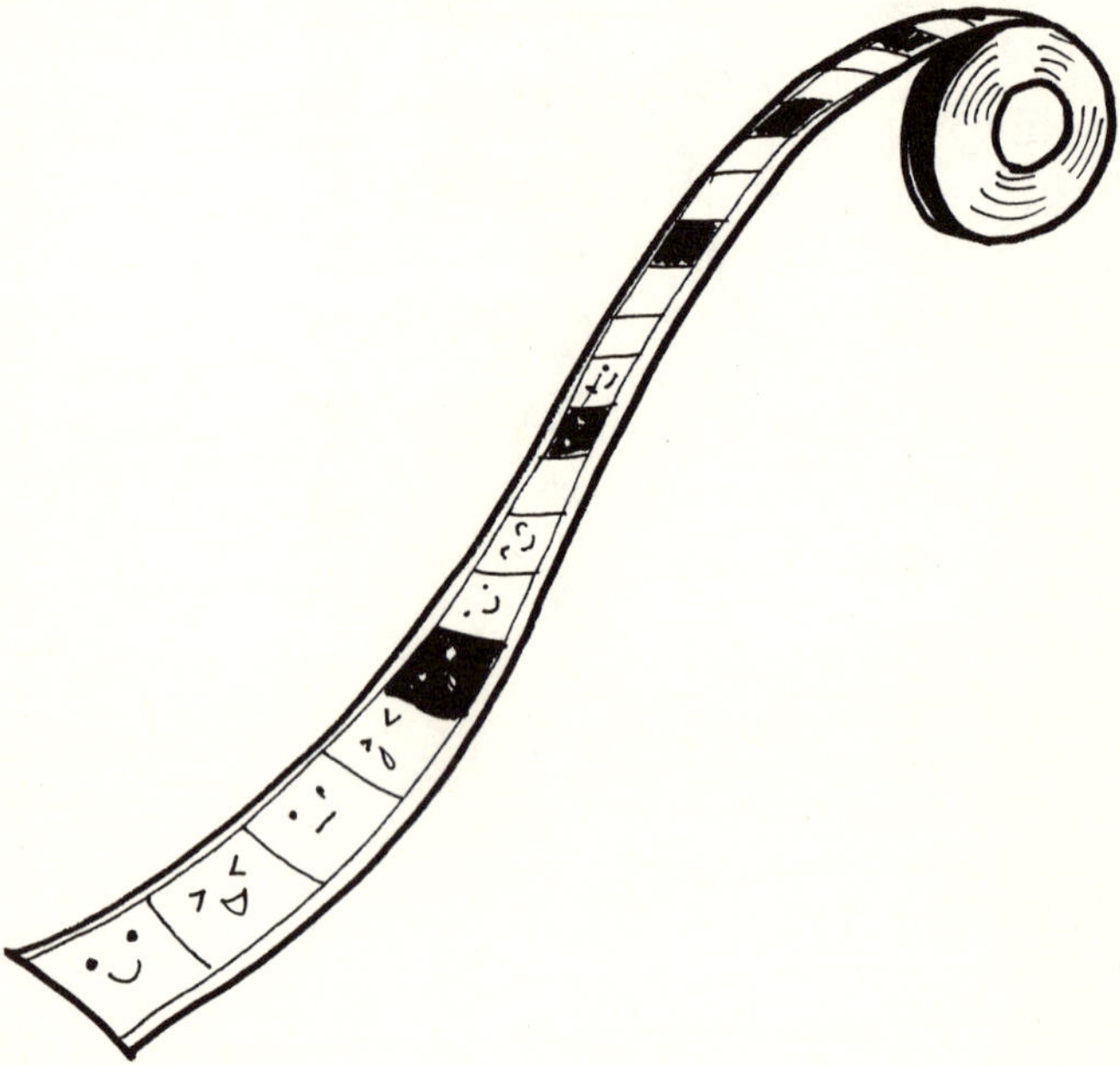

KAISETSU ❹

イヤなことの乗り越え方

小学校のときに死ぬほどイヤだったことがあります。

それは歌のテストでした。

クラス全員の前で一人ひとり歌うのですが、僕はかなり音痴なので、歌うと、クラスのみんなが、そして大好きだったあけみちゃんまで笑うんですね（笑）

それがつらくてつらくて僕は、毎晩寝る前に祈りました。

「神様、どうか歌のテストがこの世からなくなりますように……。この世からなくなるのがムリなら、新潟エリアだけなくなるのでもＯＫです」

しかし、願いは残念ながら届かず。


僕は最後の手段に出ることにしました。

歌のテスト当日、ズル休みすることにしたのです。

根がまじめな僕にとって、ズル休みするという決断には、ものすごい罪悪感が襲ってきました。でもやむを得ません。あけみちゃんに笑われるのだけは断固阻止しなければならないからです。

そんな決死の思いで、なんとか逃げのびた歌のテスト。

翌週に、「ひすいくん、先週休んだよね。今日歌ってもらうから」

という、大ドンデン返しが待っているとは夢にも思いませんでした。

よけいに目立ちましたから……。


あの頃、あんなにも悩んでいたはずなのに、いま、ふりかえるとただ、

「アホだったな〜、俺」

と、昔の自分がとてもかわいく思えて、笑えます。

あなたも思い出してみてください。

学生の頃、つらかったことって、いま思い起こすと笑い話になっていたりしませんか？

どんなにつらい思い出も、それは喜劇に変わるのです。

だから、ベートーベンは、命尽きる直前、こう言ったのです。

「友よ拍手を！　喜劇は終わった」

5

「ありがとう」。
この一秒ほどの短い言葉に
人のやさしさを知ることがある。

by 小泉吉宏

出典◉SEIKOのCM「一秒の言葉」

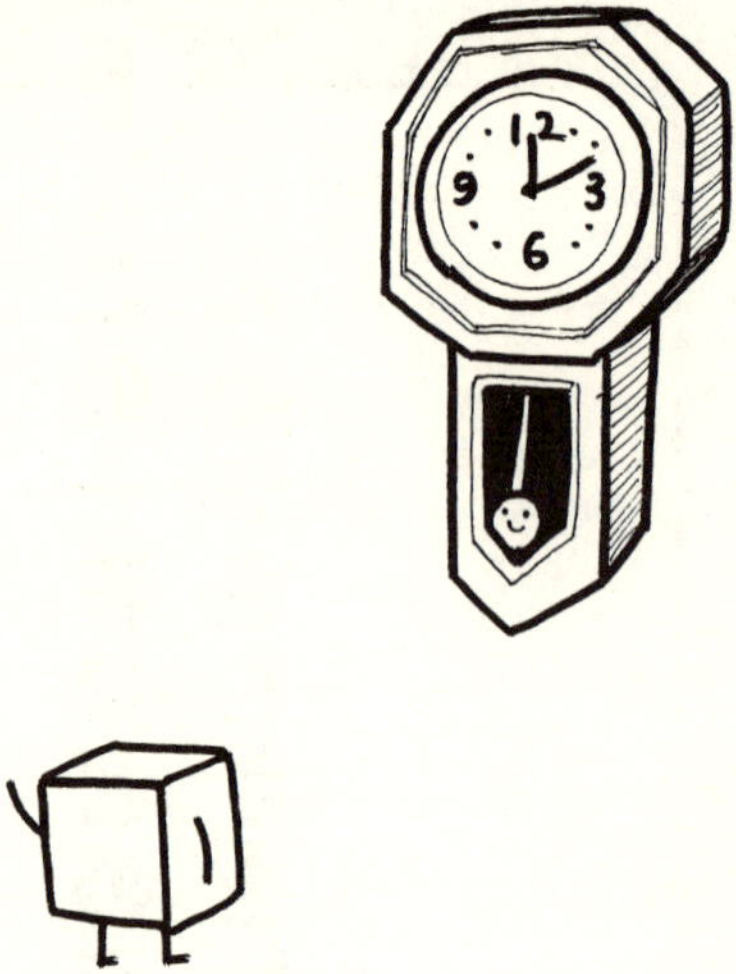

インスピレーションはどこからやって来る?

会社に行く電車の中で、クッキリ晴れた日にだけ、富士山が見えるポイントがあります。

すぐにビルに隠れてしまうので、見えるとしても一瞬だけ。

それでも、目にしたときには、「よっしゃあ!」と、心の中で小さくガッツポーズをしています。

富士山を見ると、勇気が湧き上がるのはなぜだろう……。

先日、その富士山に途中まで登ってきました。

足元は小石がザクザク。

それを見て、「お前だったのか!?」って思ったのです。

あの美しい富士山は、この砂と石でできているのですから!

そう考えると、私たち一人ひとりも、個々に違いがありながら、「地球」という星を構成している一部と言えませんか?

人類初の宇宙飛行を成《な》し遂《と》げたガガーリンは、

「地球は青いヴェールをまとった花嫁のようだった」

と言いました。

まさに、僕とあなたは、この宇宙の美しい花嫁なのです。

どんなものも、小さなものが集まって、より大きなものになっている。

そして、小さきものは、大いなるハーモニーの一部になっているのです。

時間だってそう。

今日という一日を過ごす自分の中には、生まれてから今日まで、数十年間の想い出が詰まっている。

さらに、未来への希望も今日という一日に込められている。

時計メーカーのSEIKOのCMに、「一秒の言葉」というのがありました。

「はじめまして」この一秒ほどの短い言葉に一生のときめきを感じることがある。

「ありがとう」この一秒ほどの短い言葉に人のやさしさを知ることがある。

〈中略〉

一秒に喜び、一秒に泣く。

一生懸命、一秒。


——by小泉吉宏（全文はメディアファクトリー刊『一秒の言葉』に掲載）

目を閉じて、いま、この瞬間を味わってみてください。

この瞬間に、永遠のときめきを感じませんか？

英語で、「いま、ここ（now、here）」をつなげると、「どこにもない（no-where）」という意味になります。

「いま」「ここ」は、過去も未来も宿しているから、〝どこか〟という限定されたものではない。
だから、「どこにもない」のです。
いま、ここに永遠のときめきがあるのです。

一粒の砂の中に世界をみる。一本の野の花の中に天国をみる。
つかみなさい。君の手のひらに無限を。ひとときの中に永遠を……。
——byウィリアム・ブレイク

6

確信を持て、いや、
確信があるように振る舞え。
そうすれば次第に
本物の確信が生まれてくる。

by ヴィンセント・ヴァン・ゴッホ

KAISETSU ❻

エジソンのつぶやき

天才とは1%のインスピレーションと99%の努力である。

トーマス・エジソンが言ったとされる、この有名な言葉。

一般的には、「ひらめきは1%でいい。99%の努力が大切だ」と解釈されてますが、実はエジソン自身はこう語っています。

「私は1%のインスピレーションがなければ、99%の努力は無駄になると言ったのに、世間は私の言葉を勝手に都合のよい美談に仕立て上げ、私を努力の人と美化し、努力の重要性だけを成功の秘訣と勘違いさせている」

では、99%の努力を支えた、1%のインスピレーションとは何なのでしょうか?

ある先輩が、そのことについて、こう教えてくれました(しかも大阪弁で)。

「エジソンは、電球が〝絶対できる〟って信じていたと思うねん。この〝絶対できる〟ちゅう確信が、1％のインスピレーションなんとちゃうかな」

「絶対できる」と思えるからこそ、完成したときの喜びをイメージできた。だからこそ努力を続けることができた。

1％のインスピレーションって、

「絶対に自分はできる！」

その確信なんだと思います。


ちなみに、画家のジミー大西さんは、こんなことを言っています。

「エジソンの言葉で、『99％の努力で1％のひらめきや』って、残した言葉があるんですけど、あれは誰かが和訳を間違えてるんとちゃいますか？

僕は『99％の遊び心で1％のひらめき』やと思うんですよ。誰が99％も努力します？　しませんよ。僕は、エジソンは楽しんでいたと思いますよ。

失敗して失敗して、失敗することを楽しんでいたと思いますよ」

7

みんなが考えているより
ずっとたくさんの幸福が
世の中にはあるのに、
たいていの人は
それを見つけられない。

by モーリス・メーテルリンク
（ベルギーの詩人）

KAISETSU ❼

宝物が埋まっている場所

『星の王子さま』の本にある「かんじんなことは目に見えない」という言葉はあまりに有名ですが、著者のサン＝テグジュペリが、戦場に向かう前に妻に残した言葉に、僕は衝撃を受けました。

「泣かないで。未知のものは発見しようとすると美しいものだ。僕は国のために戦うつもりだ。僕の目を見ないで。だって僕は君の涙を見る悲しみと義務を果たす喜びで泣いているのだから」

そして、こう続くのです。

置いていかなければならない宝物を持っていることを、天に感謝したいくらいだ。

——byサン＝テグジュペリ

これから戦場に向かわんとするいま、いつ死ぬかもしれない。もう妻とは2度と会えないかもしれない。

その瞬間に、現実を嘆くのではなく、妻と出会えたことに感謝しているのです。

そして、実際にこれが本当に永遠の別れになってしまうのですが、サン＝テグジュペリは、死ぬかもしれないその直前にも、そこに幸福を見出《みいだ》している人だったのです。

いつだって幸福はいま、ここにある。

あなたに見つけてもらうのを待っているのです。

8

いのちがけでほしいものを
ただひとつに的をしぼって
言ってみな。

by 相田みつを

出典◉『雨の日には……』

KAISETSU ❽

「一番大きな石」の話

「さあ、クイズの時間だ！」

大学のある授業で、教授はそう言って大きな壺《つぼ》を取り出し、教壇に置きました。

そしてその壺に、一つひとつ石を詰めていきました。

壺がいっぱいになるまで石を詰めると、教授は聞きました。

「この壺はもう満杯か？」

教室中の学生が「はい」と答えました。

「本当に？」

教授はそう言いながら、教壇の下からバケツいっぱいの砂利《じゃり》を取り出して、壺の中に流し込みました。石と石の間を砂利が埋めていきます。

そして、もう一度聞きました。

「この壺は満杯か?」

ひとりの学生が「多分違う」と答えました。

教授は、

「そうだ!」

と笑い、今度は教壇の下から、砂利よりもっと細かい、砂の入ったバケツを取り出し、それを石と砂利の隙間に流し込んだあと、3度目の質問をしました。

「この壺はこれで満杯になったか?」

学生は声をそろえて「いいえ」と答えると、教授は水差しを取り出し、水を壺のふちまでなみなみと注ぎ、そのあとこう言いました。

「僕が何を言いたいか、わかるか?」

ひとりの学生が手を上げました。

「どんなにスケジュールが詰まっていて忙しいときでも、努力をすれば予定を詰め込むことが可能だということですか？」

「それは違う」と教授。

「重要なポイントはそこではないんだよ。

この例が私たちに示してくれているのは、先に大きな石を入れないと、それが入る余地は、そのあと二度とないということだ。

この壺は人生そのものを示している。

では私たちの人生にとって、大きな石とは何だろうか？

それは仕事であったり、志《こころざし》であったり、愛する人であったり、家族であったり、自分の夢であったりする。

つまり、『大きな石』とは君たちにとって一番大切なものだ。

それを最初に壺の中に入れなさい。さもないと君たちは、それを永遠に失うことになる」

あなたの人生にとって、一番大きな石とは何でしょうか？
石、一番大きな意志をそこに。
一番大切なものを、毎日一番大切にしながら生きるのです。

9

重心はいつも前に置いている。

by 木村拓哉

出典◎「an・an」

KAISETSU ⑨

負けるが勝ち！

ボクシングのエドウィン・バレロ選手は当時、15戦連続一ラウンドＫＯの記録を持つ世界記録保持者。

常に、わずか一ラウンドで相手を完膚《かんぷ》なきまでに叩き倒す男。

試合開始直後から、激しく突進して相手を倒しに行くスタイルから、「KO Dinamite（ダイナマイト）」と呼ばれていました。

彼はあまりにも強すぎるために、なんと対戦相手がいなくなってしまったのです。

そこで、対戦者を募集することになりました。対戦者は一ラウンド立ってさえいられたら、賞金１００万円。負けても賞金をもらえるという前代未聞の条件です。

それでも、「彼には絶対勝てない」と誰も名乗り出なかったところ、ひとりの男性が名乗りを挙げました。

阪東ヒーロー選手です。

さて、この試合、どうなったと思いますか？

一ラウンド、３分もしないうちに勝負は決まりました。

なんと、阪東選手は怪物を相手に、真っ向から立ち向かったのです。

一ラウンド逃げ切りさえすれば、100万円もらえるという試合なのに、彼は逃げるどころか、勝ちに行ったのです。一ラウンド目から全身全霊で立ち向かったのです。怪物の強打をひたすら浴びながらも一歩も引くことなく。

そして、ダウンするときですら、彼は前に倒れました。

ダウンするとき、彼は〝前〟に倒れたのです！

この試合のあと、阪東選手のもとには「感動した!!!」という手紙が、全国から数千通も届いたそうです。

負けたのに、何千通ものファンレターが届くって、どういうことでしょうか？

人生は結果ではないのです。

勝ち負けよりも、人に勇気を与えるものは、「生き様」なのです。

つまり、不幸だろうが、困難があろうが、借金があろうが、関係ない。

いま、どう生きるか、そこが勝負。

体は、目も耳も鼻も口も、みんな前についています。

体は前を向いて生きたがっているのですから。

10

人生は宇宙からのプレゼント。

by 望月俊孝

出典◎「【宝地図】夢を叶える88話」

KAISETSU ⑩

人生最高の贈り物

これまでの人生の中で、「2」番目にうれしかったプレゼントって何ですか？

僕は小学校5年生のときに、同級生の小野ちゃんからもらった、生まれてはじめてのバレンタインのチョコレートです。

家に帰ってから食べると、かあちゃんに何か言われそうで恥ずかしかったので、家の近くの小川の川辺でひとりで食べました。手作りチョコ。あのときは本当にうれしかったな。

まさか、そこから9年間もバレンタインチョコをもらえない人生がはじまるとは、そのときは夢にも思いませんでしたけどね（笑）

これが2番目。

では、一番うれしいプレゼントは？

これはやっぱり、毎朝、枕元に置かれているもの。

僕らの枕元には、朝、目が覚めるとプレゼントが置かれています。
それは、どんなに大きい靴下を用意しても、決して入らないビッグプレゼント。
それは、神様からの「今日」という一日のプレゼントです。

11

笑いのない日は
無駄な一日である。

by チャールズ・チャップリン

KAISETSU ⑪

伝説の宝塚「ブス25箇条」

宝塚歌劇団の舞台裏には、こんな張り紙が貼られているそうです。

【ブス25箇条】

❶笑顔がない
❷お礼を言わない
❸おいしいと言わない
❹目が輝いていない
❺精気がない
❻いつも口がへの字の形をしている
❼自信がない
❽希望や信念がない
❾自分がブスであることを知らない
❿声が小さくイジケている

⑪自分が正しいと信じ込んでいる
⑫グチをこぼす
⑬他人をうらむ
⑭責任転嫁がうまい
⑮いつも周囲が悪いと思っている
⑯他人にシットする
⑰他人につくさない
⑱他人を信じない
⑲謙虚さがなくゴウマンである
⑳人のアドバイスや忠告を受け入れない
㉑なんでもないことにキズつく
㉒悲観的に物事を考える
㉓問題意識を持っていない
㉔存在自体が周囲を暗くする
㉕人生においても仕事においても意欲がない

これを見て、何か気づきませんか？

それは、「ブスは『顔』じゃない」ということです。

ブスはみんな「心」の問題。

そして、25項目ありますが、一番大事なのは、実は「笑顔だよ」って伝えているように思います。

だから、ブスの25箇条の一番最初に「笑顔がない」がある。

で、笑顔を心がけているとどうなるかというと、その人の存在自体が明るくなって意欲が出てくるのです。

つまり、ラストにある24条、25条がクリアされる。

どんなときも笑顔を心がければ、25箇条全部がよくなるよ、ということを伝えているのだと思うのです。

「笑顔が大事」なんて、言い古されていることだけれど、ただ笑顔を心がけるだけで、僕は人生が変わると思います。

仮に僕が10秒後に死ぬとして、その前にもし娘にメッセージを残せるなら、こう言うでしょう。

「どんなときも笑顔を忘れずに」

……バタン（ひすい、倒れる音）

Part 2

《まさに幸福に気づく瞬間!》

そのとき、
その言葉が、
生き方を教えてくれた!

12

みんなちがって、みんないい。

by 金子みすゞ

出典◎『金子みすゞ全集』

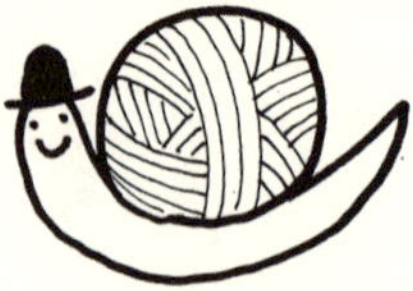

KAISETSU ⑫

自分の〝色〟を見つけるには？

ある幼稚園の入園式で、こんなステキな挨拶をした人がいました。

その人は何本かセットになっているマジックと色つきセロファン、懐中電灯を紙袋から出すと、子どもたちに向かってこんな話をはじめました。

「このマジックは何色かな？」

「あか〜！」

「じゃあ次。これは何色？」

「あお〜！」

「みんな、よく知ってるね。じゃあ、赤と青色を混ぜたら何色になるかな？」

「……」

「調べてみようか？」

ここでセロファン登場。赤と青のセロファンを重ねて懐中電灯で照らします。

「あっ、むらさき!!!」

「そう。赤、青だけだと一色なんだけど、2色合わさると別の色に変わるのね」

そして、その人はマジックを箱にしまい、ニコニコしながらこう言いました。

「見て。この箱、なんて書いてあるかな？」

「○○ようちえん!!!」

「そうね。よくできました！　実は、この箱はね、この幼稚園、マジック一本一本はここにいるみんなを表わしているの。一人ひとりいろいろな色を持っている。それもステキ。でも、その色が合わさると、さらに別の新しい色ができるのよ。みんなで仲良く楽しく、幼稚園で遊んでくださいね」

僕たちは神様のステキなステキなマジックペン。

みんな違って、みんないい。

みんなが違うのは、みんなで新しい色をこの宇宙に生み出すため。

人と人が出会うたびに、新しい色がこの宇宙に誕生しているのです。

さて、僕とあなたで、何色になるのでしょうか？


ちなみに、お笑いコンビのますだおかださんはこんな名言を残しています。

色鉛筆は12色も必要ない。もう、僕はあなた一色。

13

はっきりした目的があれば
人は疲れません。
目的こそ、パワーの素。

by 中山庸子

出典◉『明日が待ち遠しくなる言葉』

神様を味方につける方法

世界のHONDA、創業者の本田宗一郎さんは晩年、こんな言葉を残しています。

「これからは奥さん孝行をしたい」

世界的な成功の陰には、奥様の大きな支えがあったのでしょうね。

発売から50年を迎えた、HONDAの「スーパーカブ」。実は、このオートバイ、「奥様を助けたい」という宗一郎さんの思いから生まれています。

戦後間もない頃、奥さんが自転車に荷物をのせて坂道をこいでいく姿を見て、「何とかラクにしてやれないものか」と、自転車用の補助エンジンを作ったのがきっかけです。バイクに不慣れな女性のために、ペダルだけで変速できるよう、まったく新しいクラッチ方式も考案しました。

「妻のために」という思いから、操作の簡単さ、丈夫さ、燃費のよさを追求して作り上げられたカブは、時代を超え、海を超え、現在、世界160カ国で愛されています。生産台数は累計6000万台。輸送用機器の一シリーズとしては、世界最高の販売台数です。

また、宗一郎さんのやさしさは、本社ビルにも表われています。

本社を新築する際、「万が一、地震が起きたときに、割れたガラスが歩道を歩く人に降りかからないように」と、ビルには全フロアにバルコニーがつけられました。

そんな宗一郎さんは、創業当時から朝礼のたびに、みかん箱の上に立って社員たちの前でこう宣言していました。

「世界一になる」


ひとりでも多くの笑顔を増やそうと〝志〟を立てるとき、神様はあなたの隣にいるのです。

「何のために働くのか?」「誰のために働くのか?」その動機を〝志〟と言います。

「志す事」と書いて「しごと(仕事)」。


志の高い者に天は味方する。

——by 村上和雄(筑波大学名誉教授)

出典◉『生命の暗号』

14

〝為《な》しあわせ〟という言葉が
〝幸せ〟という言葉の
語源になりました。
つまり、幸せとは、お互いに
〝してあげあう〟ことを
言うのです。

by 小林正観

出典◎『宇宙が応援する生き方』

KAISETSU ⑭

どっちがうれしい？　どっちが幸せ？

友人が、ある結婚式で、こんなスピーチをしました。

◆◆◆◆◆◆◆

「この話を知っている人は必ず幸せになれますよ。

まず、みなさんに質問です。

自分で花屋で買った花束と、誰かからプレゼントされた花束、どちらがうれしいですか？　当然、人からもらったほうがうれしいですよね。

実は、人の本質はすべてここに表われています。

私たちが『持たない力』とは、自分で自分を幸せにする力です。

自分で自分にバラを買ったり、自分で自分にやさしい言葉をかけたりしてもあまり心には響きません。

しかし人からもらった気持ちやプレゼントは心にガツンと響きます。同じ物でも、ものすごく効きます。

つまり、人が『持っている力』とは、自分を幸せにする力ではなく、『他人を幸せにする力』なんです。
私たちは、自分で自分を幸せにする力は与えられていませんが、人を幸せにする力は与えられているのです。ですから、自分で自分にバラを買うよりも、お互いにバラを買ってプレゼントし合うことこそが、私たちがすべきことだと思います。

結婚とは自分が幸せになるためでなく、相手を幸せにするためのもの。
お互いがそう思うことが大切だと思います。
だって、その力は無限に与えられているんですから。
なっ、○○○（新郎の名前）」
（ここで新郎が突然、バラを出し、新婦に渡す）
大喝采《かっさい》でした。
ブラボー!!!

◆◆◆◆◆◆◆

幸福とは……わかち合うことです！

15

母の日に
電話1本することすら
照れているような奴は、
どんなスーツを着ていても
かっこよくないと
思いますけどね。

by リリー・フランキー

出典◎「Straight」

究極のバースデープレゼント

俳優の福山雅治さんは、毎年2月6日にお母さんに花束を贈るのだそう。

2月6日。自分の誕生日にお母さんに花束を贈るのです。

これ、ステキなことだと思いませんか？

誕生日は、お母さんに「産んでくれてありがとう」と伝える日だということです。

実は福山さんのマネをして、僕も自分の誕生日に新潟のかあちゃんのもとに花を贈ったことがあるのです。

どうなったと思いますか？

さて、自分の誕生日当日。僕が家でくつろいでいると、ピンポーン♪

「お、宅急便だ。何だろう？」

「お花のお届けです」

「え？　花？　誰からのプレゼントだろう？」

と、宛名を見ると……俺から。

間違った!!!

花の送り先をつい、書き慣れている自分の家にしてしまったのでした。

福山雅治への道のりは遠い。

ドンマイ、こたろう。

さて、提案です。

次のあなたの誕生日。「産んでくれてありがとう」と親に伝えてみませんか?

親にとって、その言葉は一生の思い出になるはず。

それこそ、あなたにしかできない、究極の名言プレゼントになります。

でも、ちょっと恥ずかしいですよね? そんなときは、手紙でもＯＫ!

きっとその直後に、すっごくいいことが起きるはずです。親への気持ちが変わるとあらゆる人間関係が変わるからです。だまされたと思って、伝えてみてください。

生まれた原点に感謝できたとき、人生に幸せの風が吹きはじめます。

親がもういない方も、思いを込めて声に出してみてください。

「産んでくれてありがとう」

ありがとう。その言葉は天国にも届くから。

⑯

2人、3人に嫌われても、
あと地球には60億人いるよ。

by「佐賀のがばいばあちゃん」

KAISETSU ⑯

みんなに好かれなくったって、大丈夫！

友達が、珍しく元気がありませんでした。

彼の会社の業績は右肩上がり。まさに、飛ぶ鳥を落とす勢いなのですが、仕事で、周りからかなり批判されたようで、心底落ち込んでいました。

普段落ち込むことがない人ほど、一度落ち込むと立ち直るのに時間がかかります。

どうしても元気が出ず、家でもしょんぼりしていたそうです。


すると、数日後、彼の机の上に一枚のポストカードが飾られていました。

そのカードに書かれていたのが、冒頭のこの言葉です。


2人、3人に嫌われてもあと地球には60億人いるよ。


カードは奥様からでした。

彼は気づきました。

「60億人に理解されなくても、いまここに俺を思ってくれている人がひとりいるじゃないか」

そして彼は立ち直ったのです。

たったひとりでいい。
応援してくれる人がいる限り、何度でも何度でも立ち上がろう。

17

サヨナラだけが人生だ。

by 井伏鱒二

出典◉『厄除け詩集』

新しい出会いを引き寄せるオマジナイ

さみしいときのオマジナイ。
詩人・寺山修司の言葉です。

さみしくなると言ってみる
ひとりぼっちのおまじない
わかれた人のおもいでを
忘れるためのおまじない
だいせんじがけだらなよさ
だいせんじがけだらなよさ。

――by寺山修司　出典◉『寺山修司　少女詩集』

だいせんじがけだらなよさ。
逆から読むと、サヨナラダケガジンセイダ。

アニメ「アルプスの少女ハイジ」に出てくるワンシーンで、ハイジがアルムじいさんにこう質問します。

「おじいちゃん。夕焼けは、なぜ、こんなに美しいの？」

アルムじいさんの答えはこうです。

「人間であろうと、何であろうと、お別れする時が一番美しいんだ。いま、太陽がね、地球からお別れをしているから、こんなにも、人の心を打つんだよ」

いつだって、サヨナラから新しい出会いがはじまるから、一番美しいんだ。

だいせんじがけだらなよさ。

18

人が死んだあとに残るものは、
集めたものではなく、
与えたものである。

by ジェラール・シャンデリ

KAISETSU ⑱

1000本の桜を植えた男の話

ある友達の話です。

◆◆◆◆◆◆◆

一昨年の夏、私の父は突然亡くなりました。62歳でした。

あれから一年半……満開の桜を見るたびに父の笑顔を思い出します。

父は15年ほど前から、毎年60本ほどの桜を全国に植え続けてきました。

父の会社の経営がうまくいかない時期も植えました。給料は半分まで落ち込み、4人の子どもがいる私の家庭では、母が頭を抱えていました。

私は父に、

「桜を植えるお金があるなら、もっと家庭にお金を入れてほしい」

と訴えました。

それでもまだ桜を植え続ける父に、

「いったい何のために、桜を植え続けているの?」

と、迫りました。

すると、父はこう言いました。

「人の命には限りがある。しかし、桜は私が亡くなったあとも生き続けるんだよ。何百年も先の人たちまで、みんなを喜ばせることができる。

一年に一度、桜の木の下で、家族みんなが集まって笑顔になれるんだよ。そして、自分の娘や息子たちに、『これはじいちゃんが植えた桜だよ』って言えるじゃないか」

父が亡くなってから、2年経ったある日、私は家族と三重県に出かけました。そこではちょうどチューリップ祭が開催されていて、場内にはチューリップ以外に桜をはじめ、たくさんの花が咲いています。

ふと脇を見ると、金のシャベルと銀のシャベル、そしてその横に、まだまだ桜の木とは言えない、か細い木が２本植えてありました。

それを見た瞬間、10年前の父の言葉を思い出しました。

「この間、きんさんとぎんさんに記念の植樹をしてもらったよ。自分で植えることも大事だけど、どうしたらみなさんに喜んでもらえるかって思ってね。もちろん、おふたりのことをいつまでも覚えていてもらいたいし」

その木は、10年前、当時長寿日本一だった双子の姉妹、きんさん、ぎんさんに父が植樹していただいたものだったのです。

桜の小さな木の前では、大勢の人が記念写真を撮っていました。

みなさんの顔を見ると、そうなんです。

父が言っていたとおり、みんな笑顔なんです！

私も自分の子どもに言いました。

「これは、きんさん、ぎんさん、そしてじいちゃんの桜だよ！」

今年の３月。

父の思いを継《つ》いで、父の夢だった１０００本目の桜を植えることができました。

今後も２０００本めざして頑張っていきます。

父はまだまだ生き続けている。桜を通して、人の心に生き続けている。

◆◆◆◆◆◆◆

１００年後、僕らはこの地球にいません。

でも、あなたの与えたものは、受け継がれていくのです。

19

すぐれた魂ほど、
大きく悩む。

by 坂口安吾

出典◉『坂口安吾全集7』

悩めば悩むほど、モテる？

日本を代表する頭脳の持ち主、ノーベル賞受賞者・湯川秀樹さんの悩みは何だったのでしょう？

湯川さんはその悩みを、京都大学名誉教授の森毅《もりつよし》さんに打ち明けています。

「森君は輪廻《りんね》転生《てんせい》なんか信じんやろ。わしは死んでブタに生まれ変わったらどないしよ、と思うたら気になってしゃあなかったんや」

さすが天才・湯川秀樹。

悩みのスケールからして凡人ではないことがわかります。天才の悩み方を僕らも見習う必要があります。

たとえば、モテない人は、なぜモテないのか？

悩み方のスケールがあまりに小さすぎるからなのです。

モテない人は、「何でモテないんだろう？」と悩んでいます。

あ〜、小さい小さい。悩みから抜け出すコツは、もっとでかいことで悩めばいいのです。「何でモテないんだろう？」ではなく、「俺がモテないようないまの社会を、どうすれば変えられるのだろう？」と悩めばいいのです。

悩みが大きくなればなるほど、モテます！

この世界で一番大きく悩んだのは、ブッダとイエスキリストだったのではないかと僕は思っています。どうやったらこの世界を救えるだろう？　って、彼らは真剣に悩んだと思うのです。

悟ったら悩みがなくなるのではなく、悟ったら悩みが大きくなるのです。

才能とは、どこまで大きく悩めるかということ。大きく悩む人ほど飛躍します。

ちなみに湯川秀樹さん、晩年はこう思うようになったそうです。

しかしだんだん年とったらブタになったらなったでしゃあないと思うようになったわ。

——by 湯川秀樹

青年よ、大きく悩め。

20

奇跡が生んだ
このホシで起こるすべて
奇跡以外ありえないだろう。

by 野田洋次郎

出典◉RADWIMPS「ふたりごと」

いまこのときが、0．1秒の〝奇跡〟

カール・セーガン博士は、宇宙の全歴史を1年に縮めた宇宙カレンダーを作りました。ビッグバンが起きたのが1月1日として、今日が12月31日、宇宙の全歴史を一年だと設定するのです。

最新の研究で、この宇宙が誕生したのは１３７億年前であることがわかっています。

それでは計算してみましょう（年代については諸説あるので、日付はおおよその目安になります）。

宇宙のはじまり➡1月1日
銀河の誕生➡1月11日
地球の誕生➡8月31日
人類の誕生➡12月31日20時48分
キリストの誕生➡12月31日23時59分56秒

私たち人類が誕生したのは、ついさっきだということです。

では人生80年、僕らの生きている時間は、宇宙137億年の歴史に対して、どれくらいになるのでしょうか？

それは、0．1秒です。


宇宙の歴史の中で、僕らの人生は0．1秒にすぎないのです。

まさに一瞬。

80年の人生って、神様の瞬《また》き、そのくらい「瞬間」なのです。

僕らはいま、そんな貴重な一瞬に立ち会っている。

僕らはいま、0．1秒の奇跡の真っ只中にいるのです！


すべては奇跡だということです。

君にはふたつの生き方がある。奇跡など起こらない、と信じて生きるか、
すべてが奇跡だ！　と信じて生きるかだ。
――byアインシュタイン

21

楽しいと楽は違うよ。
楽しいと楽は対極。
楽しいことがしたいんだったら、
楽はしちゃダメだと思うよ。

by 甲本ヒロト

楽しいを極めることが、「極楽」

夜7時くらいから、ヘッドホンで音楽を聴きながら僕は原稿を書きます。

知らぬ間に、妻が僕の後ろに立っていることがあり、びっくりして、「うわーーーーーーーーーーっ！」と思わず叫ぶことも。

そして、妻に、「もう、朝の7時だよ。寝たほうがいいんじゃない？」と言われます。「え、もう12時間経ったの!?」ということがよくあるのです。

普通に考えたら、「徹夜で仕事しろ」と言われたらつらいですよね。

でも、僕は原稿を書き出すと、たとえ「徹夜するな」と言われてもやってしまう。

この文章をこう変えよう、この話とあの話をまとめよう、なんて思っているうちについつい夢中になってしまうんです。

まるで、夢中になって子どもが砂場で遊んでいるのと一緒です。

インターネットビジネスを行なっている、僕の友達にも同じタイプがいます。

一緒に飲みに行っても、ノートパソコンは絶対に手放しません。僕がトイレに行っている間にもパソコンを立ち上げて、ホームページに改良を加えています。

「とにかく最高にかっこいいサイトを作りたい」と、隙あらば仕事をしています。たとえ、隠れてでも仕事をしたいのです。

いろいろなところで人に聞かれるんだよ。『楽しきゃいいのか？』って。いいんだよ。そのかわり、楽じゃないんだよって。漢字で書いたら同じじゃんって。でもね、楽しいと楽は違うよ。楽しいと楽は対極だよ。
楽しいことがしたいんだったら、
楽はしちゃダメだと思うよ。
楽しいことがやりたいと思った時点で、楽な道からはそれるんだよ。

——by 甲本ヒロト

自分の心から好きなことをやれ。
自分の骨の味を知れ。かみしめよ。地面に埋めよ。
掘り出してもう一度かみしめよ。

——by ソロー

自分と徹底的に闘うからこそ、楽しいのです。楽しいを極めてこそ「極楽」です。

22

ないもの以外、すべてある!

by ラーメンマン

出典◎『キン肉マン』

I Love You.

KAISETSU ㉒

人生のわかれ道

福島正伸先生はあるとき、田んぼの畦道を奥様と一緒に歩いている夢を見たそうです。

先生は泥の畦道《あぜみち》を落ちないように、下を見てひやひやしながら歩いていました。

一方、奥様は、稲穂を見て「きれい、きれい」と喜びながら歩いていました。

同じ道を歩いていたにもかかわらず、奥様は視線を上げてウキウキしながら歩いていたのです。

どこを見るかで人生はまったく変わります。

ないもの以外は全部あるのですから、あるものを見て、あるものを楽しみ、あるものに感謝しながら生きていきたいですよね。

ないものを嘆くな、あるものを活かせ。

――by 松下幸之助

青がないときは赤を使えばいい。

――by ピカソ

とりあえず、いま冷蔵庫にある食材だけでおいしいものを作ってみましょうか。タマゴかけご飯？　それ、僕の妻の一番の得意料理ですから！

不足を不足とするは、わびにあらず。

――by 千宗旦

ないものを、ただ「ない」と感じているのでは未熟だということです。不足の中に美や満足を見出す心こそ、わびの心です。

それにしても、福島先生。奥様を尊敬し、とても大切にされているからこそ、こういう夢を見られたんでしょうね。

もし僕なら、その畦道で妻に落とされて泥だらけになる夢になっていたと思います（笑）

優しさ以外はすべてである！（僕の妻のことです）

――byひすいこたろう

23

手を抜くほうが疲れる。

by 木村拓哉

KAISETSU ㉓

世界一簡単なエネルギーチャージ法

作家の江國香織さんは、著書『恋するために生まれた』の中でこう言っています。

恋はエネルギーです。つい最近、私はエネルギーについてのちょっとした「発見」をしました。エネルギーは消費することによってしか蓄積されない、という発見です。

たとえば、旅に出るにはエネルギーが要りますが、旅をするとエネルギーが湧く。〈中略〉

つまり、エネルギー不足だと感じたら、休んでいても回復しないということです。

億劫だなと思っても、誰かに会ったり、仕事したり、おいしいものを食べにでかけたりしないとエネルギーは生まれない。

恋をするにはエネルギーが要りますが、恋はすればするほどエネルギーを産んでしまう。消費すればするほどチャージされるのがエネルギーですから、これ

はおそろしいことです。

――by 江國香織

思いっきり息を吸い込む方法をご存知ですか?
それは、めいっぱい息を吐くことです。
息を吐き切れば、あとは勝手に入ってきます。

「出入口」という漢字を見ても「出る」が先に来ています。
「呼吸」という文字も「呼」が先に来ています。
「呼」とはゆっくり息を吐くという意味です。

出すことが先。
出し切れば、自然にエネルギーはチャージされるのです。
出し惜しみすることなく、出し切ること。すると、ひょいと風に乗れるのです。
その風があなたを思いがけないところまで運んでくれます。

Part 3

《言葉がチャンスを引き寄せる!》

何でもない一日が、幸せな一日に変わる!

24

三万六千五百朝。

by 棟方志功

毎日がハッピーバースデー

100歳まで生きるとしてしても、僕らが死ぬまでに体験できる朝は3万6500回しかありません。

毎朝＝MY朝＝3万6500回ということです。

十月十日と書いて「朝」という字になります。胎児がお腹にいる歳月が十月十日《とつきとおか》。

つまり、僕らは朝が来るたびに生まれ変わっているのです。

僕らは3万6500回生まれ変わるチャンスがある、ということです。

メイクアップアーティストの藤原美智子さんは、「Happy Birthday」と書かれたカードを額縁に入れて、よく目がいく場所に飾っているのだとか。

それは、「毎日が誕生日のように、新しい朝を迎えたいから」だそうです。

日々、「今日がはじまり」と思えば、それだけでハッピーになれるのです。

では最後に、僕の大好きなエレクトリックトランペッター・近藤等則さんの「朝起きたとき、以下の5つのことをイメージせよ」という5箇条。

❶世界で一番重い地球が、実はポッカリ宇宙に浮いていて、なおかつ高速で飛んでいるんだ。

❷俺たちは、この地球にタダ乗りさせてもらってるわけだけど、せっかくならそのノリを思いっきり楽しめ。

❸その地球が、太陽の周りをだいたい80周したら、お前は死んでしまうんだぞ。

❹肉体のための食べ物だけでなく、魂に食べ物をやることを忘れるな。音楽こそ魂のための食べ物だ。

❺DON'T WORRY, BE CRAZY!

出典◉『ポップスインジャパン』

今朝、あなたは新しく生まれ変わったのです。
今日から新しい一日です。
地球を思いっきり楽しみましょう。
Good New Morning!

25

絶対に、絶対に、絶対にあきらめるな。

by ウィンストン・チャーチル

KAISETSU ㉕

100回やってダメでも、101回目がある！

F1ドライバーは何かとお金がかかるため、裕福な家庭に育った人がなることが多いのですが、ナイジェル・マンセルは違いました。

イギリスでは、カートは子どもたちの気軽な遊び。マンセルも10歳でカートをはじめます。しかし、乗っているのは、片方の車輪が動かない25ポンド（約4000円）のボロカート。走るのは、専用コースではなく近所の路地です。

それでも、マンセルは確実に世界で戦えるだけの実力を伸ばしていきました。

ただ、お金がない。だから、移動も飛行機ではなく、車にテントを積んで、フェリーで大陸に渡ります。また、お金を集めるために、週のうち4日間は清掃会社で働き、残りの3日間はスポンサー探しに奔走。ありとあらゆる企業にスポンサー依頼の手紙を送りました。その数、実に400通以上。しかし、成果はゼロでした。

1978年、「自分に投資する気のないドライバーに、どうして企業が投資できる？」というひと言にショックを受けて、一念発起。マンセルは住んでいたアパートを売り払ってお金を調達します。しかし、そこまでして手に入れたお金を使って走ったＦ３のレースでも、結果はさんざんでした。

それでも、彼はあきらめなかった。

シャワーもついていない古いキャンピングカーに寝泊りしながら移動を続けます。

こんな状況の中、マンセルはロータスのテストドライバーの地位を得て、１９８０年、ついにＦ１デビューを果たします。

ところが、記念すべき第一戦直前に最悪のアクシデントが起こりました。

こぼれた燃料がコックピットに乗っていたマンセルの背中を伝い、発火。火傷《やけど》を負ってしまうのです。けれど、マンセルは頭から水をかぶって出場しました。

そんなマンセルの初優勝は、なんと初参戦から実に72回目のグランプリ。１９９２年に、ついにワールドチャンピオンとなりました。

この年は開幕から5連勝。優勝9回。

何があっても、何があっても、何があっても、あきらめない。

１００回やってダメなら、１０１回やるまで！

生きているかぎり、希望を抱くのです。そのとき、夢は必ず、あなたについてきます。

参考◉フリーマガジン「ahead homme vol.54（May2007）」

26

強みの上にすべてを築け。

by ピーター・ドラッカー

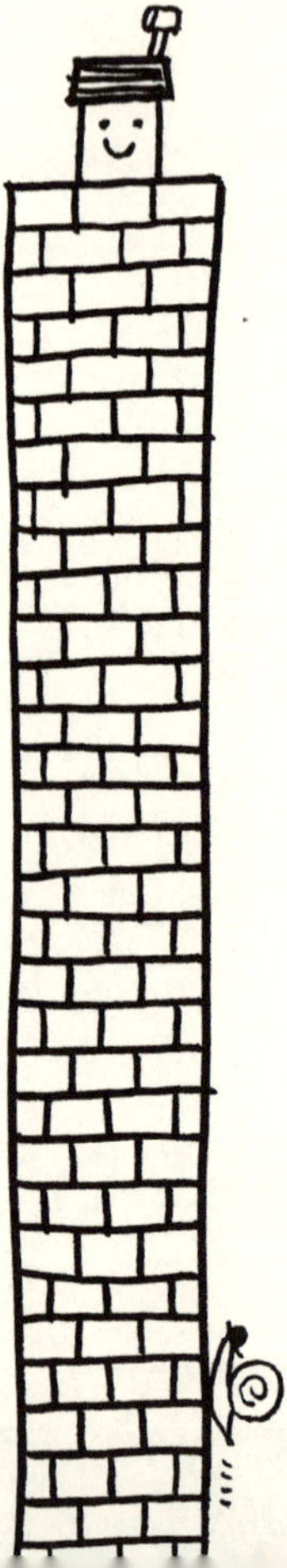

KAISETSU ㉖

「必殺ワザ」を磨け！

経営の神様ドラッカーはこう言っています。

いまさら、自分を変えようとしてはならない。うまくいくわけがない。自分の得意とする仕事のやり方を向上させることに、力を入れるべきである。人の卓越性は、ひとつの分野、あるいはわずかの分野において実現されるのみである。

出典◉『明日を支配するもの』『経営者の条件』

つまり、ひと言でいうと、「必殺ワザを磨け」ということです。

あなたの得意技は何でしょうか？
それは、あなたがいままでに一番「時間」と「お金」をかけたものです。
仕事を含めて、あなたがいままでに一番時間をかけたことを5個紙に書き出してみてください。次に、一番お金をかけたことを5個紙に書き出してください。

「時間」をかけたものと「お金」をかけたものを、うまく結びつけることができたら、それがあなたの「必殺ワザ」です。

ちなみに、僕はコピーライターなので、いままで一番「時間」をかけたものは「書くこと」です。一番「お金」をかけたものは、本代や講演会の費用です。だったら、そこで学んだことを書けば、まさに「強みの上に築く」ことになります。

僕の強みは、まさにこの本なのです！

人生は一点突破。

年をとるということは、自分の可能性を絞っていくことです。男も女も。可能性を絞るというのは、可能性の限界を知るということではありません。集中すべき的を、あくまでも絞り込むんです。

——by 塩野七生　出典◉『千年語録』

27

凄いことは あっさり起きていい！

by 山﨑拓巳

出典◉『山﨑拓巳の道は開ける』

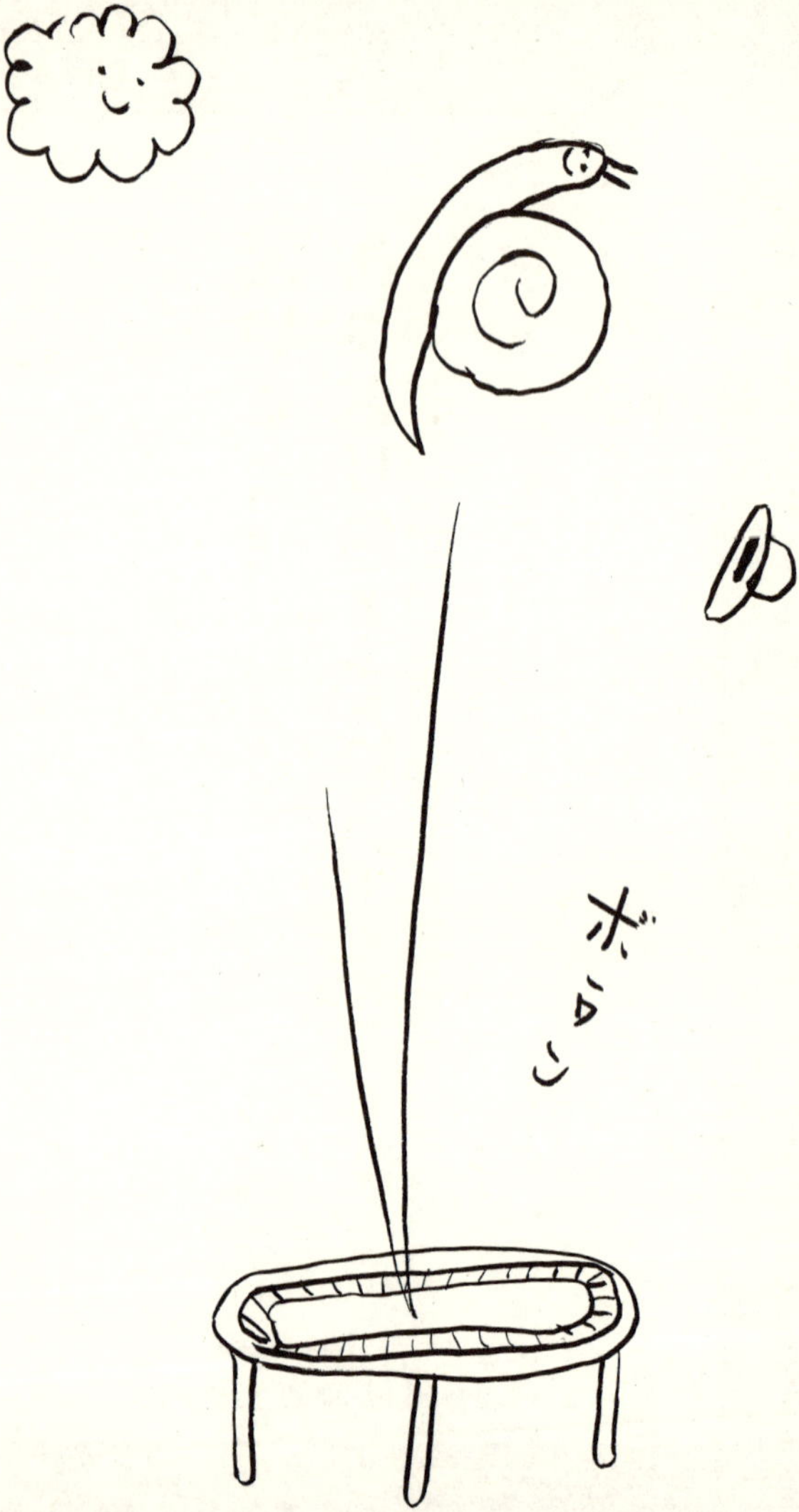
ボよん

KAISETSU ㉗

そのとき、奇跡は起こる！

「神様って、いるかもしれない」

と思った瞬間があります。

学生の頃、コンサートスタッフのバイトをしていたのですが、その日はジャニーズのコンサートでした。公演が終わると5万人の観客がどっと出口へ向かって出てきます。そんなとき、泣き出しそうな女の子に声をかけられたのです。

「友達と、はぐれちゃったんです！」

聞けば、田舎から出てきて、はじめての東京。そして友達とはぐれた。

10代半ばくらいの彼女にとっては、非常事態です。いま思えば、館内放送を流すなど、方法はほかにもあったと思うのですが、僕はとっさに「はぐれた子の名前を教えてください。僕が必ず探しますから、ここで待っていてください」と返事をしていました。僕は自分で探そうとしていたのです。

このとき、不思議と「5万人もいるのに探せるわけないよ」とは思わず、「あの子のために絶対探してやる！」、そう思ったのです。あんなに切ない顔を見たら、なんとかしなければいけない。しかし、僕もあわてていたので、名前は聞いたものの、友達の特徴や服装を聞き忘れていました。

それでも、僕は会場を全速で走りながら、「俺にはわかるはずだ。俺にはわかるはずだ」と思いながら、ふと目に入った子に声をかけてみました。

「よねやまさんですか？」

「はい」

え、一発で当たっちゃった！　5万人もいるのに。

「あの子のために！」心からそう思えたとき、思ってもみない力が湧き出たのです。

「あなたの喜ぶ顔が見たいから」

For you!

そのとき、奇跡はあっさり起きます。

そもそも、人間は人のためにしか本気を出せないようです。

ところで、その彼女の名前はもう忘れてしまったので、実際には「よねやまさん」ではありません。「じゃあ、よねやまさんって誰なんだ？」と言うと、僕の初恋の人です。ちなみに、フラれました（笑）

28

誰でもできることを
誰にもできないくらいやれば
絶対成功する。

by しもやん

たった一行の成功法則

コンサルタントの下川浩二（しもやん）さんの独立前の話です。

下川さんは保険の営業マンでしたが、ある時期、完全にやる気を失って、朝からパチンコ店へ行くような日々を送っていました。そんなときに出会った言葉が、

「あなたを応援してくれる人が30人いたら、何をやっても成功する」

でした。

「でも、いまの自分を応援してくれる人はひとりもいないだろうな……」

そう思った下川さんは、いままで出会った人すべてにハガキを書くことにしました。

好きな言葉を2〜3行、筆でしたためることにしたのです。また、新しく出会った人にも必ずハガキを書いて、人間関係を広げていく。

そんなことをしていたら、いつの間にか気力が湧いてきて、気がつけば自分を応

援してくれる人が30名を超えていました。

その後、下川さんは独自に開発した「下川式成功手帳」が大ブレイク。独立して、現在では、人気コンサルタントとして全国を飛び回っています。

30人の応援者ができるまでに書いたハガキの枚数は、約３０００通だそうです。

ハガキを書くことは誰にでもできること。

でも、３０００通書くことは、誰にでもできるわけではない。

「誰でもできることを、誰にもできないくらいやれば絶対成功する！」

たった一行で、これほど本質をついた成功法則を、僕はほかに知りません。

29

淡々と過ぎていく
普通の毎日が
幸せの本質です。

by 小林正観

普通の毎日こそが幸せの本質

すてきな女の子を口説いてると、一時間は一秒のように感じられる。猛烈に熱い燃え殻に座ると、一秒が一時間のように感じられる。

――by アインシュタイン

特殊相対性理論を発表したアインシュタインは、科学の基礎と言われた「時間は絶対的なものである」という仮定を根本から覆《くつがえ》しました。どんな物体でも移動速度が速くなるほど、時間そのものは「遅くなっていく」というのです。

つまり、光のスピードに近づくほど時間がゆっくり流れるわけですから、相対的には年をとらないということです。

たとえば、もし光速の99．999％のスピードのロケットで「一年間」旅をして地球に戻ってくると、地球では「224年」の月日が経っています。

自分が一年を過ごす間に、周りは224年分も老化するということです。

というわけで、特殊相対性理論を利用したアンチエイジングはできないものかと考えてみました。同じ年齢でも若く見える人っていますからね。
心も光のスピードに近づければ、老化がゆるやかになるのではないかと……。

では、心を光速化するためにはどうすればいいでしょう？
それは、抵抗をなくせばいいのです。
心の抵抗とは、つまり「執着」。
執着を手放せばいいのです。

では執着をどう手放そうか、と考えていたときに、「これだ！」と思えたのが、この名言です。

淡々と過ぎていく普通の毎日が幸せの本質です。

とくにこれといって何も起きない、普通の毎日こそが幸せの本質。

このことに気づいてから、僕の心の抵抗（ストレス）は劇的に減り、幸せを感じる時間が急増しました。友達と普通にご飯を食べることが、いかにすごい幸せなのかを感じられるようになりました。

最近は、歩きながら、体に風を感じるだけで、幸せ感が心に満ちることもあります。

この宇宙に存在できること。

それは想像できないくらい、何物にも代えがたいほどの幸せなんです。

だから、「存在」（presense）することが、すでに神様からの「プレゼント」（present）なんです。

「普通が幸せの本質」、この一点こそ、まさに僕の人生に革命をもたらしたディープ・インパクトです。

普通の毎日が幸せの本質だと気づくとき、幸せのハードルはゼロになります。

そのとき、心は一気に軽くなり、幸せのビッグバンが起きるのです。

ゼロこそ、光速、無限大につながる道なのです。

なんでもない　なんでもない　なんでもない。
なんでもないことが　こんなにうれしい。

――by 鈴木章子　出典◉『法華経を拝む（上）』

30

やってダメならもっとやれ。

by てんつくマン

出典◉『天国はつくるもの』

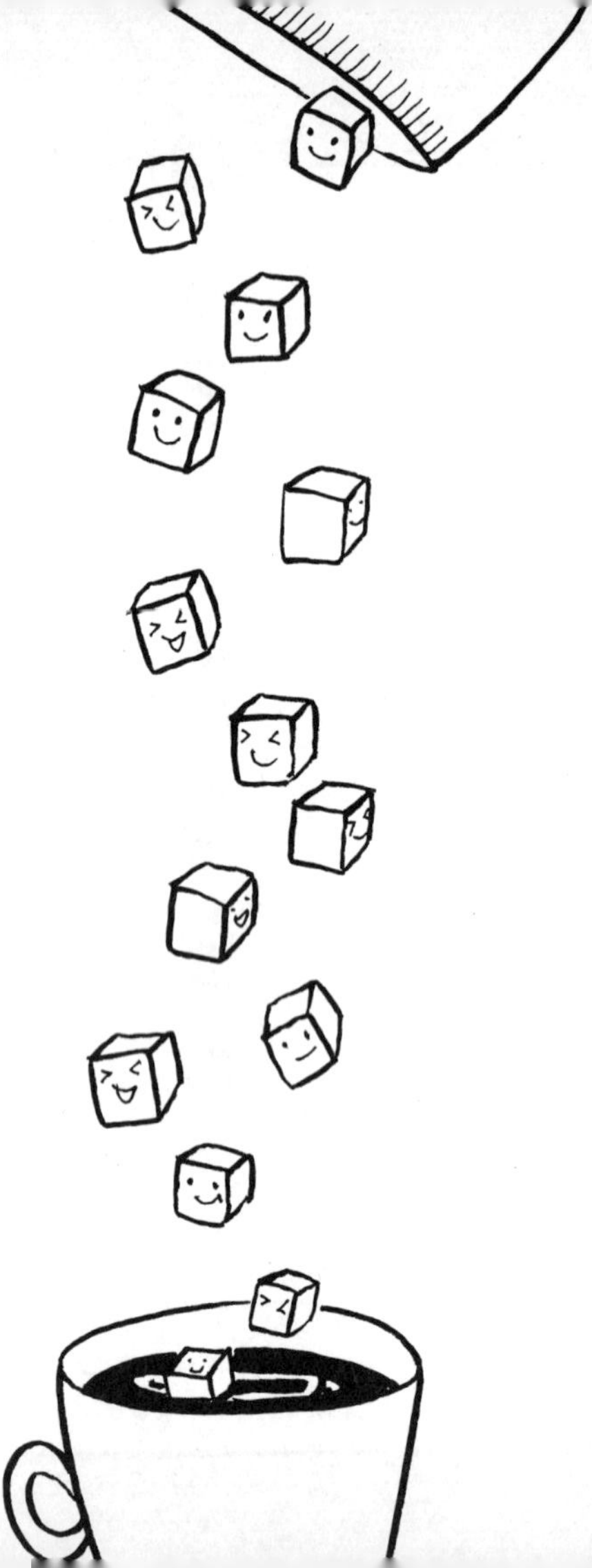

KAISETSU ㉚

人が飛躍する、その瞬間！

絵描きのさおちゃんは、この本がデビュー作になります。

彼女に出会った当初、プロのデザイナーさんに彼女の作品を見てもらったところ、「絵が上手な素人さんだね」とひと言。

「くぅぅ、クソ～!!!」という思いでした。一緒に本を出そうと頑張っていたところだったので、僕も自分のことのように悔しかったんです。

でも、出発点はここだって思いました。ここから、頑張ろうって。

そこからは、僕も彼女の絵にダメ出しをたくさんさせてもらいました。しかし、絵のことはよくわかりませんから、技術面でのアドバイスはできません。

できるのはただ「一緒に最高の本を作ろう」と励ますことくらいです。

そんなある日、彼女はこう言ったんです。

「わたし、世界中の紙がなくなるまで描き尽くす！」

それから、彼女は一変しました。

絵の質も変わり、絵のアイデアそのものが変わりました。

描いて描いて、ただ描くのみ！

そんなふうに開き直ったら、道が開けたのです。

彼女の絵が突然すごくイキイキしてきました。

僕もうれしくて、この間のデザイナーさんにもう一度見せたところ、最初は彼女の作品だとは気づきませんでした。

「さおちゃんの作品ですよ」と伝えると、「え？？？　別人が描いたみたい！」とすごく驚いていました。

「人」はいつだって「間」に合う、と書いて「人間」。

いつでもこれからなのです。いつだって、人は間に合うのです。

人は生まれ変わることができる。生きている間に何度でも、何度でも。

本気になったときに変われるのです。


アートの世界というのは、ある瞬間にものすごくとんでもなく飛躍するの。なぜかと言われても、何も、誰もわからない。だけど飛躍する作家としない作家がいる。そこなんだ。飛躍するときは、破れかぶれなんですよ。

――by池田満寿夫　出典◉『芸術家になる法』

31

何をしたいのか。
明確になった途端に、
何かが起こる。

by クリシュナムルティ
（インドの哲学者）

KAISETSU ㉛

運命の扉の開き方

こんにちは、絵描きの日野さおりです。

◆◆◆◆◆◆◆◆

自分に理想の肩書きをつけて、自分で名乗ると、人生は面白いくらいその通りに運ばれていくと聞きました。

なので、「みんなをハッピーにしてしまう絵描き！」という肩書きをつけることにしました。

私が、絵描きになる決意をしたのは一年半前のこと。

それまでにも志していた仕事はあったのですが、いまひとつ力が入らず、焦りを感じていました。「一度しかない人生を自分らしく輝きたい」という強い想いはあっても、やっていることはいつも中途半端。

ただ、子どもの頃からごく当たり前のように絵を描いていたので、絵を描くことが特別なことだとは思っていなかったのと同時に、本当は「私からこれを取ったら何が残る?」という想いがありました。

でも、挑戦すれば挫折するかもしれない。才能がないことを思い知らされるかもしれない。自分が試されるのが怖くて、逃げていたような気がします。

そんなとき、福島正伸先生が講師を務める「起業家スクール」のビジネスプラン発表会に出かけました。その会場でふいに思ったんです。

「私、絵描きになる!」って。

実は、何年も前から福島先生に「さおりんは絶対モノ作りをしたらいい」と言われていたのですが、私はこの日、気づいたら、

「先生、私、絵を描きます。本を作ります。先生、私、やるから!」

と宣言していました。

そして次の日、福島先生が乗る飛行機に間に合うように、手作りの絵本を5冊作

って空港に向かいました。その作品は福島先生を通じて、ひすいこたろうさんに見ていただくことになったのです。

ひすいさんにお会いしたその日、この本の構想が生まれました。

それが去年の10月のことでした。

「絵を描く！」って決意するまでは、何も起きませんでしたが、決意して、一歩踏み出すと、扉って開いていくんだな、と感動しました。

本作りがはじまり、私は絵を描いては送るという生活がはじまりました。

ひすいさんは「まださおちゃんのよさが出てないよ」とやさしく、でも何度もダメ出ししてくれました。

ダメ出しの嵐は続き、私はどうすればいいかを考えはじめました。

どうやったら、ひすいさんをうならせることができるか。

どうやったら、読んだ人を笑顔にさせられるか。

どうやったら、自分を思いっきり表現できるか。

どうやったら、私は生まれ変われるのか。

こうなったら世界中の紙がなくなるまで描き尽くしてやる！

とことんやれば、道が見えるはず。自分らしくなるところまで描き切りたいと思いました。

天に通じるまで、宇宙とつながるまで描き続けよう！

その気持ちはいまも変わりません。まだまだ、表現し尽くしたとは言い切れません。だから、これからも描き続けていきます。世界中から、トイレットペーパーがなくなったら私のせいかもしれません。

◆◆◆◆◆◆◆

運命の扉は、あなたが一歩踏み出すその日を待っています。

一歩踏み出せば、一歩近づきます。

32

昼のお星は眼にみえぬ。
見えぬけれどもあるんだよ。
見えぬものでもあるんだよ。

by 金子みすゞ

出典◎『金子みすゞ全集』

KAISETSU ㉜

〝心〟をこらして見てみよう

再び、日野さおりです。

この本を作らせてもらっているときのことです。絵の表現の幅を広げたい一心で、私は、突然、アメリカに絵の勉強に行くことを宣言し、母と本気で衝突しました。

もともと母の思い出は、怒られたことばかり。母の愛情が感じられないまま大人になりました。だから、アメリカ行きに大反対する母に対して、私は置き手紙を残して家を出る荒業《あらわざ》に出ました。いま、行かなければ、私は箱に入れられたまま握りつぶされてしまうような気がしたのです。

「自由にして！」と心の中で叫んでいました。

そんな気持ちで出雲から東京行きの夜行バスに乗りました。でも、東京に着いて飛行機に乗ろうと2度挑戦しましたが、なぜか体が震えて動けなくなってしまったのです。飛行機に乗ればもう家には帰れない。そう思ったら体が動かないのです。

どうしても飛行機に乗れず、結局私はアメリカ行きを取りやめ、しぶしぶ実家に戻ることにしました。

家に帰ると、母は、「いったい、どの面《つら》下げて帰ってきたの。いますぐ出て行きなさい！」と言いました。「たしかに、そうだよな」と私は恥ずかしく思い、家を出ようとすると、「ご飯食べて行きなさい。何も食べてないんでしょ」という母の声が背後からしました。

振り返ると、母は大粒の涙を流していました。

実は、「ご飯食べて行きなさい」というひと言が、母の精一杯の愛情表現だったことをそのとき知りました。それをきっかけに、いろいろなことに気がつきました。

父が亡くなったあとも私のために一生懸命だったこと。

同時に、いつも何かにつけて母のせいにしていた自分の未熟さにも気づきました。

そして、私は初めて母に言いました。

「お母さんが大事だって、あらためてわかったよ」

近すぎて見えなかった母の愛。でも、それは確かにずっと前からそこにあったものでした。

「毎日」という字の中には母がいる。私が生まれた瞬間から今日まで変わらずに、母の愛はずっとそこにあったことに気づいたのです。

33

I love you,
because
you are you.

by カール・ロジャーズ

欠点はあなたのステキな個性

「五体不満足」の乙武《おとたけ》洋匡《ひろただ》さんのお母さんは、乙武さんを産んでから会うまでに一ヶ月かかったそうです。

なぜなら、生まれたばかりの乙武さんは先天性四肢《しし》切断。右手も左手も右足も左足もなかったからです。

そのような姿で生まれてきた乙武さんを見たお母さんの第一声は、

「まあ、かわいい」

先日、ある助産師さんからこんな話を聞きました。

「どんな姿で生まれてきても、そのままで人間は完璧なんだと、この仕事を通してはっきりわかりました」

たとえ、どんなに人と違う点があったとしても、それでパーフェクトだというのです。

だって、それは「個性」だから！
「完璧ではない」という思いは、ほかの人との比較から生まれる、ただの「幻想」です。その証拠に、もし、いまこの瞬間、世界中の人がみんな目がひとつになったら、あなたは目がふたつあることを嘆き悲しむはずです。

いま置かれてる環境も、あなたがイヤだと思っている性格も、すべてあなたの「個性」。だから、あなたのありのまま、まるごと現実を味わえばいいのです。

欠点は欠点ではない。
欠点、それはあなたに「欠かせない点」なんです。
あなたという世界を旅できるのは、世界でただひとり。
あなただけなんですから！

参考◉『五体不満足』

34

一寸先は光。
光を信じて
好きなことを続ける。
先を信じると、
必ず結果がついてくるもんです

by 元永定正
（画家）
出典◉「女性自身」

KAISETSU ㉞

一寸先を〝光〟に変えるには？

ビニール袋に様々な色水を入れて吊るした作品を作るなど、前衛的な活動でも知られ、日本を代表する抽象画家の元永定正《もとながさだまさ》さん。御歳《おんとし》85歳です。

もともとは漫画家になりたかったそうですが、現代美術に出会ったのは、なんと30歳を超えてからなんです。

「それまで、いろんな仕事をしましたよ。漫画家はもちろん、社交ダンスの先生からアイスクリーム売りまで、20種類以上の仕事をしたんとちゃうかなぁ。

そして出会ったのが現代アートの「具体」です。

いままで見たことのない絵に出会い、衝撃を受けました。変な絵がおもしろい。自分流でええんやと知って、僕にはこれしかないと思いました。

運命ですね。

そこから、さまざまなアートに取り組み、思いがけず賞をいただいたりしたんです。僕の場合、自分が楽しんで制作しています。それが基本です。

まあね、好きなことをやり続けていても、つらいこともある。

雨も風も嵐もある。作品もいいのもできれば、カスもあるんです」

そして、元永さんはこう言い切ります。

どんなことでも、自分を信じる。
一寸先は闇じゃなくて、光なんです。
目の前が少し暗くなっても信じていればなんとかなります。
光に向かって進むことが大事なんですよ。人間はみな天才なんですから。

自分を信じて好きなものに打ち込むとき、一寸先は光になるんです。

《おまけ》
「僕は知性派じゃなく、アホ派です」というのも、僕の好きな元永さんの名言です。

35

小鳥が空を飛ぶために
創られているように、
人間は幸福になるために
創られている。

by ウラジミル・コロレンコ
（ロシアの小説家）

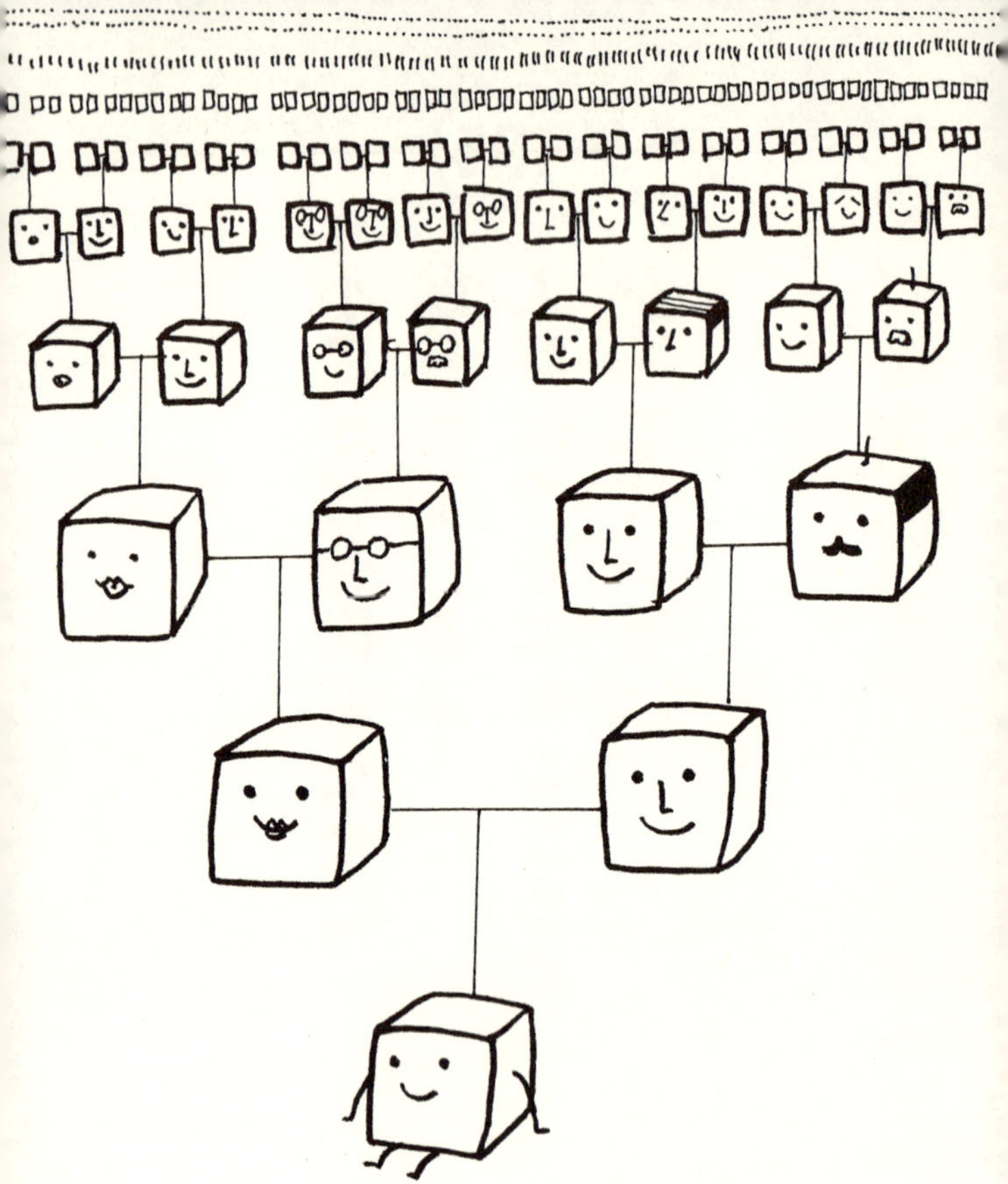

「大人になる」ということ

「え!? 息子が入院した？」

あるとき、仕事中に突然妻から電話が入りました。

息子が肺炎で急遽《きゅうきょ》入院することになったとのことで、病院にかけつけました。

いつもはあんなにはしゃいでいる5歳の息子が、呼吸も苦しそうに、点滴を打ちながらベッドでぐったりしていました。

僕は息子の背中をさすりながら、

「大丈夫。大丈夫。大丈夫。大丈夫。絶対よくなる！」

そう祈っていました。そして、気づいたのです。

「僕もこんなふうに親に育ててもらったんだろうな」って。

そのとき、ことだま研究家・山下弘司先生の、この言葉を思い出しました。

「みんな『幸せになりたい』って言うけど、本当は大人になっている時点で、すでに幸せな証拠なんですよね」

考えてみたら、たしかにそうです。

赤ちゃんは、誰かの愛情がないと3日も生きていられないのですから。

さらに、山下先生は言っていました。

「人間って、やってもらったことはすぐ忘れ、やってもらえなかったことをいつまでも覚えているものなんです」

病院でぐったりしている息子の背中をさすりながら、思いました。

「この出来事が、息子の記憶に残ることはたぶんないだろう。僕ももう記憶はないけれど、同じように親の祈りの中で育ったのだろうな。こんなふうに背中をさすってもらって……」

だから、僕はここまで育つことができたのです。

息子が入院している病院のフロアには、多くの子どもがいました。

そして、子どものために何日も病院に寝泊まりする親も。肉体的にもハードですからイライラすることもあるでしょう。子どもが言うことを聞かないので、怒鳴りちらしているお母さんもいました。

最初は、「何も、こんなときに怒らなくても」と思いました。でも、怒鳴りちらしたお母さんも、やっぱり朝までずっと子どもに寄り添っています。

小さな子どもは誰かがそばにいなければ、数日と生きられません。

たとえ、記憶になくても、「大人になる」ということは、愛された証拠なのです。


僕は祈りを込めながら息子の背中をさすっていたのですが、息子は突然頭を起こし、僕の顔を見るなり、こう言ったんです。

「かあちゃんがいい」

背中をさすってもらうなら、とうちゃんよりかあちゃんのほうがいい、ということでした（笑）

でも、息子よ、残念だったな。

お前が何と言おうと、とうちゃんはお前が大好きだから！

参考◉山下弘司「ことだまメッセージ」

Part 4

《絶対にあきらめない！》

ダメだと
思ったとき、
効く言葉がある！

36

人間が不幸なのは、
自分が幸福であることを
知らないからだ。
ただそれだけの理由なのだ。

by ドストエフスキー

「当たり」の幸せって？

目の見えないある読者の方から、こんなメールをいただきました。

◆◆◆◆◆◆◆

「彼の顔は生涯見ることはないかもしれず。私自身、20年以上自分の顔を見ていません。大人になった息子の顔は、小さい頃しか覚えてはいないのです。とてもかわいかったですよ」

◆◆◆◆◆◆◆

その方は光はわかるようですが、色や形は認識できないとか。彼女は昔、離婚されたようですが、メールには、最近つき合いはじめた彼のホームページのURLとともに、こう書かれていました。

「ひすいさん、私の代わりに彼の顔を見てあげてください」

「相手の顔を見たことがない」というおつき合いが存在することを、僕は考えてみたことがなかったので、正直ちょっと戸惑いました。

彼女が一番彼の顔を見たいはずです。でも見られない。

僕は彼の顔を、ＵＲＬひとつクリックするだけで見ることができます。

なんだか簡単に見てはいけない気がして、日を改めて拝見させていただきました。

笑顔がとてもステキな彼でした。

見えないこともまた個性だから、見えないことでこそ深め合える心のつながりを彼女はきっと感じているのだと思います。


ただ、僕が当たり前のように思っていた、彼女の顔が見えること、それは当たり前じゃないことを改めて感じました。


どんなことも、当たり前は、当たり前じゃない。

当たり前は、幸せなんだ。


人生の「当たり」は、いま目の「前」にあるのです。

37

回答を与えてくれる人を
師匠と呼び、
回答のためのヒントを
与えてくれる人を友人と呼ぶ。
僕は師匠なんかいらない、
友だちだけでよい。

by 橘川幸夫

出典◉『深呼吸宣言3』

RED

KAISETSU ㊲

Have a nice trip!

１０００冊の本を読んでも、僕は自分で本を出すようになるとは夢にも思いませんでした。出せるわけがないと思っていました。


しかし、たったひとり、ある作家の人と友達になったとき、

「俺にもできるかもしれない」

という気になりました。

「できない」と思っていたら、１００年経ってもできませんが、「できるかも」と思えたらそれはできます。

この差は、天と地ほど大きい。

１０００冊の本を読んでも、「できる」とさえ思えなかったことを、たったひとりの友の存在が、可能性の扉を開いてくれたのです。


人生は旅です。

旅には目的がありません。

北海道へ行こうと思っていたのに、逆風に流されて流されて、気づいたら沖縄へ着いてしまったとしても、それはそれで最高にステキな旅です。

人生が旅だとするなら、目的よりも大切なのは、「誰」と旅するかです。

ゲーテは、

「天国にひとりでいたら、これより大きな苦痛はあるまい」

と言いました。

友がいるところを「天国」と言うのです。

38

人生一生真剣勝負。
自分から進んでやります。
真心こめてやります。
最後までやり続けます。
お客様一人一人を大切にします。
商品一品一品を大切にします。
お金一円一円を大切にします。
時間一秒一秒を大切にします。
場所一点一点を大切にします。

by スーパー山田屋

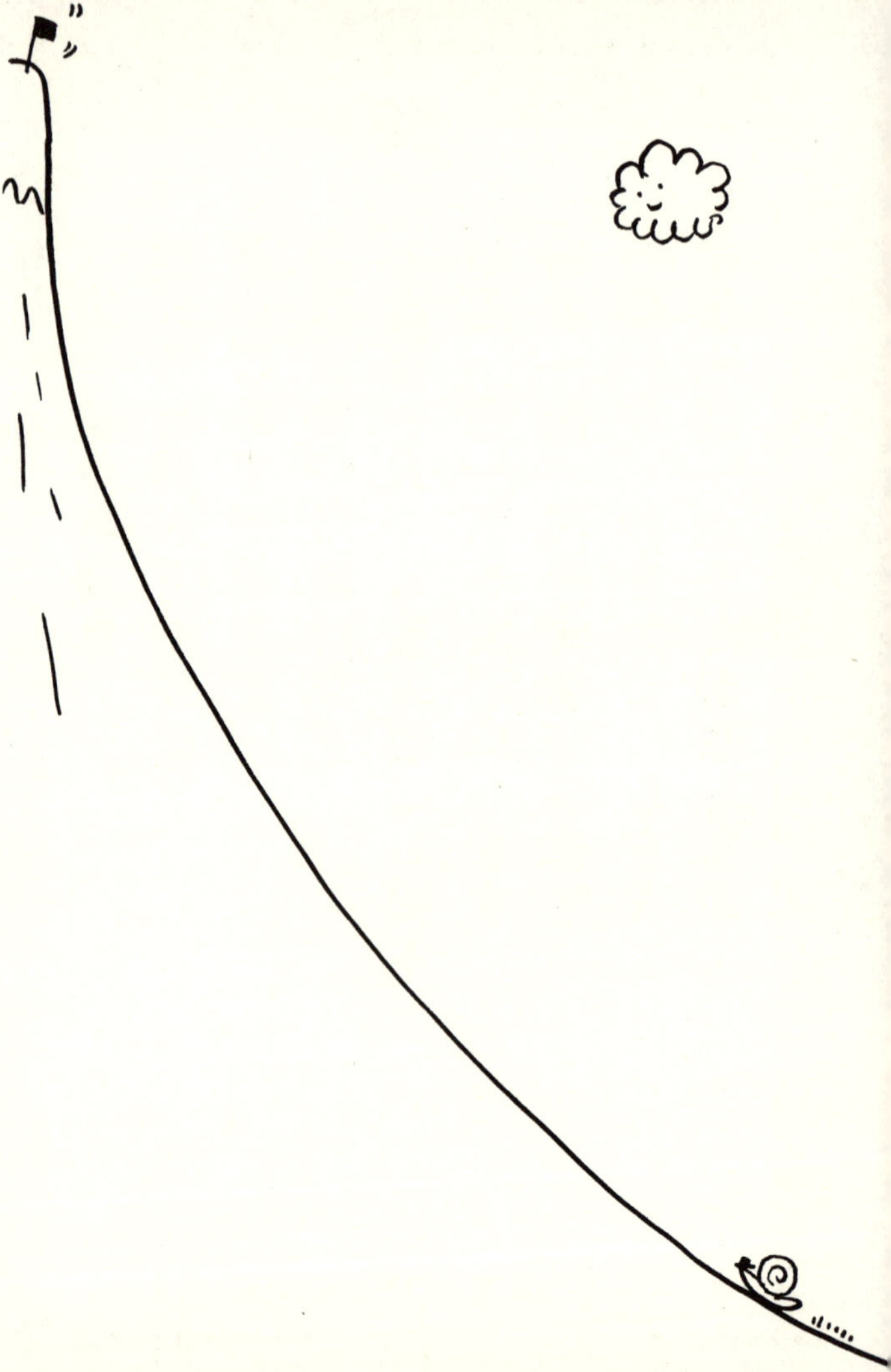

KAISETSU ㊳

毎日が一本勝負！

座禅を学びに行ったことがあります。

「初めての人は前へ」

と、言われて、僕は住職の前に座らされました。

突然、「カーッツ！」と叩かれるのではとビクビクしていたら、

「もっと前へ」

と、言われました。

僕と住職の顔と顔の距離は、およそ20㎝。

僕はドキドキしながら、なんとか住職と視線を合わせ続けました。

住職はポツリと僕にこう言いました。

「吸って吐く。ただただ、いま、この瞬間の呼吸に集中し続けるんじゃ。それがいまを生きるということじゃ」

「人生一生真剣勝負」というこの言葉は、スーパーの休憩室に貼られていたものです。

一人ひとりを大切に、一品一品を大切に、一円一円を大切に、一秒一秒を大切に。

それはまさに、いま、この瞬間に心を込めて生きることだと思います。

「それがいまを生きるということじゃ」

39

不幸はね、
貯まったら幸せと
交換できるんだよ。

by ある小学生の詩

ピンチはチャンス！

－１×－１＝＋１。マイナスとマイナスをかけあわせると、プラスになります。

マイナス１００×マイナス１００＝プラス１００００！

マイナスが大きいほどプラスも大きくなります。

困難が大きいほど、遠くへ羽ばたけるということです。

困難の無い人生は無難な人生。

困難の有る人生は有難い人生。

出典◉『五つ星のしあわせ　漢字セラピー』

そしてマイナス（－）が続いたらどうなると思いますか？

そうです。
ご覧のように一直線になります。
これが幸せへの道です。
The road to Happiness.

40

ラストシーンから書く。

by スティーブン・スピルバーグ

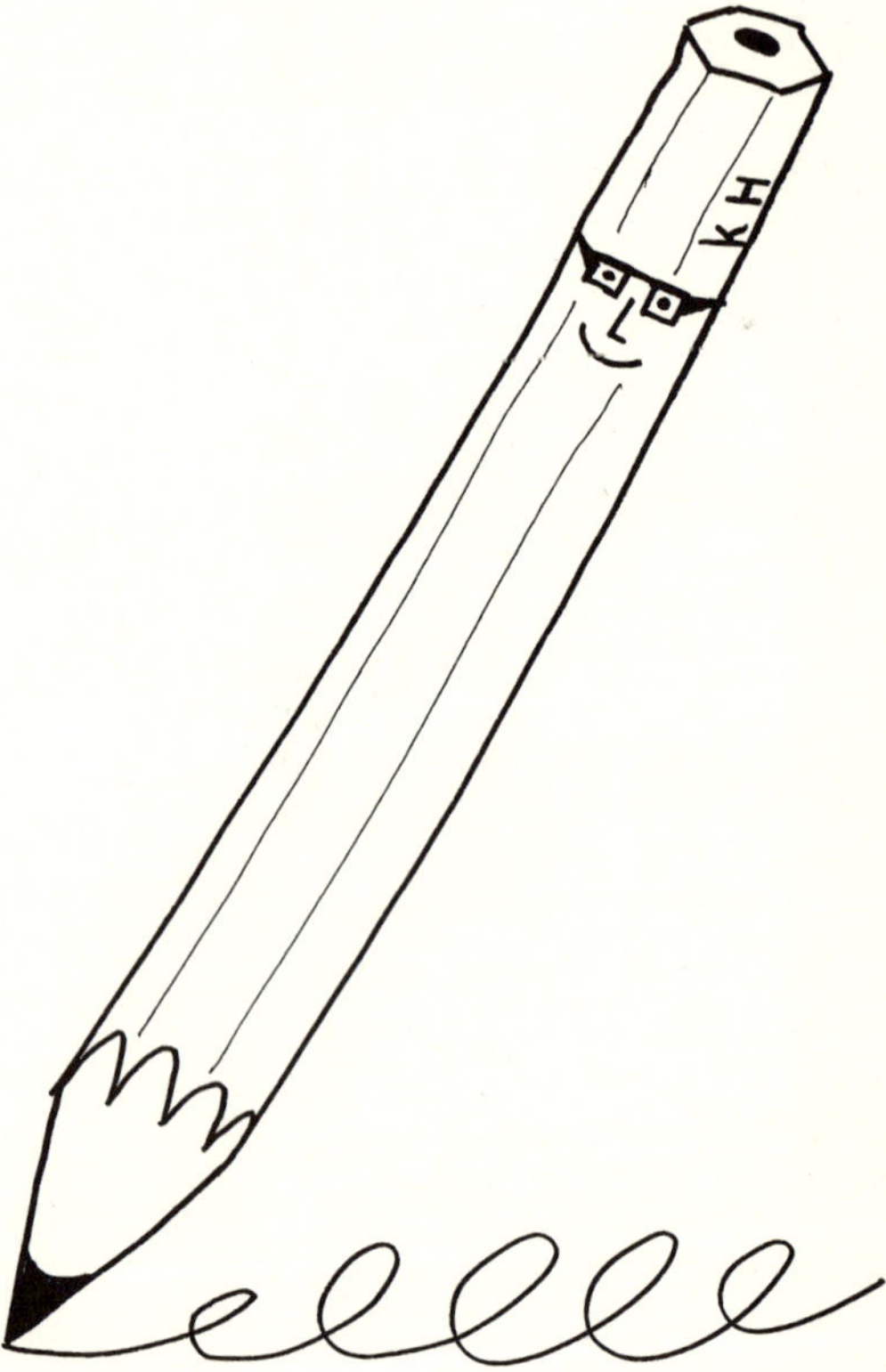
KH

KAISETSU 40

ゴールはいつもハッピーエンド♪

ある兄弟が共同で会社を経営していました。

兄弟ということもあり、会社でケンカがたえず、ときには子どもの頃のことまでさかのぼって言い争いになることもありました。

あるとき、ふたりはこのことを福島正伸先生に相談しました。

すると、福島先生はひと言、

「ゴールを決めましょう」

「いまはケンカばかりしていても、最後には兄弟で涙を流し合って抱き合う」というゴールを決めましょう、と。

「ゴールを決めましたか？」

「決めました」

「じゃあ、今日から思いっきりケンカしてください」

結末は、お互いにわかり合って、涙を流して抱き合うのだから、いまはそれまでの過程。だからいくらでもケンカしていい。いますぐ、すべてを解決しなくてもいいということです。

逆にいま、すべての願いがかなってしまったら、そこに感動はありません。

ラストシーンを決めてしまいましょう。

決まりましたか?

では、これから起こる出来事はすべて、そこに到るための過程です。

だから、何があっても、安心して笑顔でお楽しみください。

ラストはハッピーエンド、そう決まっているのですから。

終わりよければ、すべてよし!

41

善きことは、
カタツムリの速度で動く。

by マハトマ・ガンジー

じっくり、ゆっくり！

マンションのバルコニーから雑草が生えてきました。コンクリートを突破して生えてきたのです。微力でも、じっくりじっくり時間をかけるからこそ、雑草はコンクリートを突き破ることができるのです。

微力こそ、遠くまで行く秘訣です。

ちなみに、その雑草は、「おお！ 恐るべし、雑草！」と思いながら、引っこ抜かせていただきました。

１００㎝ずつ進む人は挫折します。

１㎝ずつ進む人は成し遂げます。

人生においては、どこまで進むかは問題ではありません。

地球は丸いのですから進みすぎると、目の前に現われるのは最下位走者の後ろ姿です。進みすぎたら最下位になるだけなのです。

大切なのは、スピードではありません。
ゆっくりゆっくり、歩み続けることです。
「止」まるのが「少」ないと書いて「歩」むです。
周りの風景を楽しみながら、ゆっくりゆっくり歩いて行こう。

雨だれが石を穿《うが》つのは、激しく落ちるからではなく、何度も落ちるからだ。

——byルクレティウス

急がず、しかし休まず。

——byゲーテ

急がず、しかも休む。

——by一休さん（笑）

42

いまやっていないことは
将来もできない。

by 福島正伸

出典◉「夢を実現する今日の一言」

KAISETSU ㊷

夢が現実に変わる！

「夢のある人は手をあげてください」

福島正伸先生が、ある大学で講義をしたときのこと、生徒さんたちにそうたずねました。次々と手があがります。

「社会問題を解決できるような仕事につきたい」「老人福祉に興味を持っています」「若い人から年配者まで楽しめるテーマパークを創りたい」などなど。

そこで福島先生は、こう言いました。

「じゃあ、みなさんはそのためにいま、どんな準備をしていますか？」

夢があっても、やりたいことがあっても、そのためにいまできることを何もしていない。それでは、5年経っても、できるはずがないのです。

5年後にはかなえたい夢があるなら、その準備には5年かかるということ。

だから、今日にもその準備に取りかかっていなければいけないはずなのです。

実は僕にとっても、この名言は耳が痛い言葉だったりします。

まだ本を出す前のこと。

漠然と「本を出せたらいいな」と思っていた時期に、あるセミナーでそのことを話したところ、その場にいた年下の男性に、「もう、原稿書いたんですか？」と聞かれたのです。

「いや、まだ書いていません」と答えると、「本を出したいと言っておきながら、まだ原稿を書いていないなんて、僕には意味がわかりません。あなたは本当に書きたいのですか？」と言われました。このひと言にはカチンときました。

「コンチクショー！」と思いながら……、でも、彼の言うとおりだと思いました。

このひと言が悔しくて、でも何をどう書けばいいのか、わからない。そこで、ブログを立ち上げて、何でもいいから書きはじめてみることにしたのです。

あえてあなたにも同じことを言わせてもらいます。

あなたの夢は何ですか？　そのために、今日、何をしましたか？

え!?　何もやっていない？

……僕には意味がわかりません。

ね。「コンチクショー！」って、ちょっと思ったでしょ？（笑）

43

なみだは
人間の作る
いちばん小さな海です。

by 寺山修司
出典◉『人魚姫・裸の王様』

涙は心のデトックス

18歳の春。

新潟から上京し、僕はひとり暮らしをはじめました。

行きは、両親がアパートまで一緒に来てくれました。帰りは、逆に僕が両親を東京駅まで見送りました。

別れの瞬間、東京駅のホームで、かあちゃんが号泣しはじめました。

決して裕福な家ではありませんでしたが、「子どもが学校から帰ったときに、いつもかあちゃんは家にいてほしい」という、とうちゃんの方針のもと、かあちゃんは僕らが学生の間、ずっと専業主婦でした。だから、かあちゃんとの想い出はたくさんあります。

かあちゃんの顔は、涙でボロボロでした。

僕も涙でボロボロになりました。

帰りの電車で、車両の端っこで僕はほかの人には背を向け、壁に向かって立っていましたが、涙は止まることなくあふれ出ました。
知り合いが誰もいない東京、はじめての夜、僕は泣いていました。

「涙のあとに立ちあがる」と書いて「泣く」。

出典◉『漢字幸せ読本』

涙の数だけ、人は生まれ変わる。
だから、泣きたいときは泣いたほうがいい。

この日、僕は泣いて泣いて、決意したのです。
いつか、かあちゃんが自慢したくなるような、いい男になろうと。

ちなみに、かあちゃんの旧姓は「小《こ》海《かい》」。
あの涙は本当に小さな海でした。

44

僕の中に100匹の羊がいて
そのうち99匹はいまのまま
ここに留まれと言っている。
でもたった1匹だけど
どうしてもメジャーに挑戦する
と言ってきかない羊がいる。
僕はその1匹を
大事にしたいと思いました。

by 松井秀喜

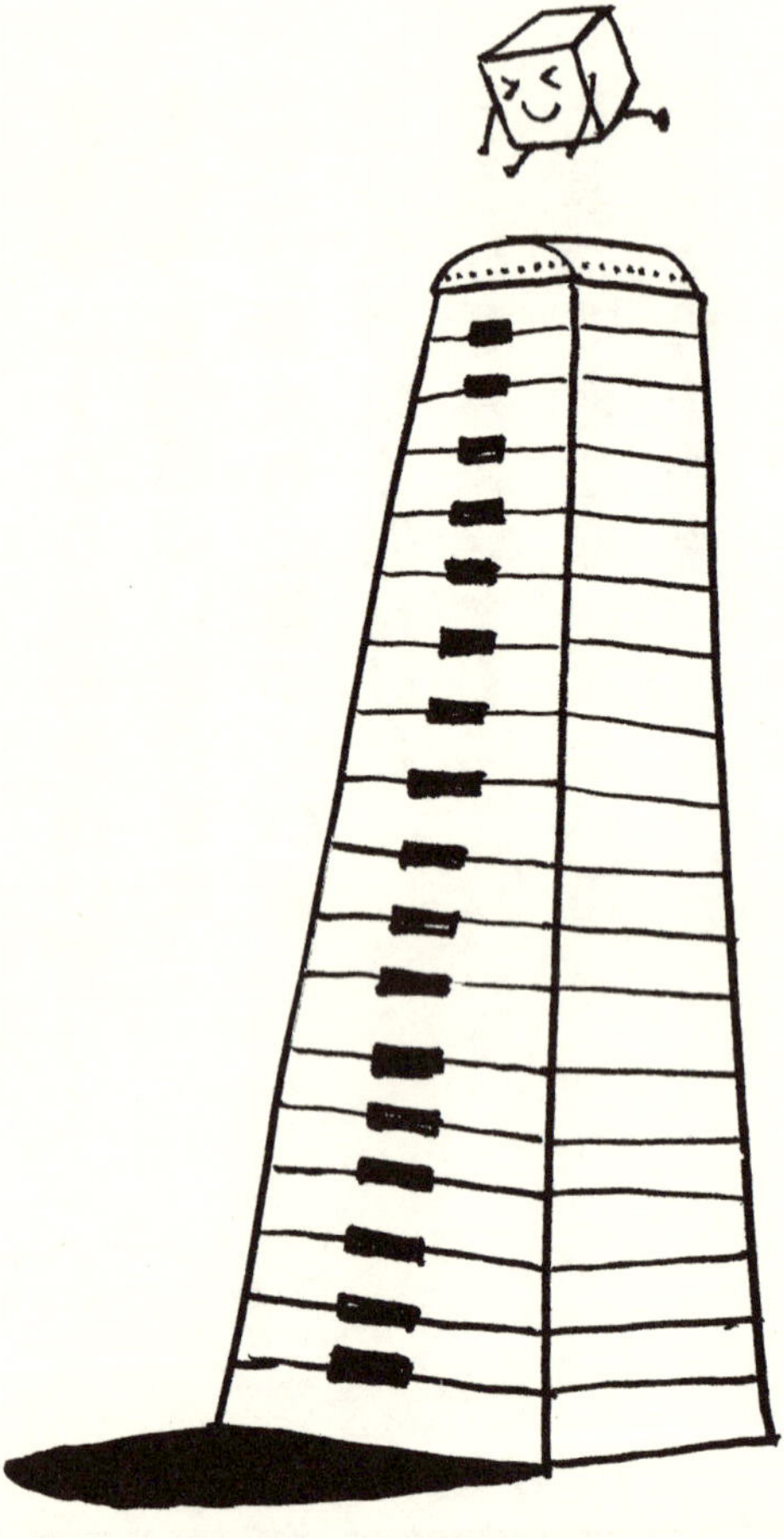

KAISETSU 44

まずは一歩！

さて、クイズの時間です。

「黒色の反対って何だ？」

「そんなの、白色に決まっているでしょ」

しかし、こう答える人もいます。

「無色」


「愛の反対って何だ？」

「そんなの、憎しみでしょ」

しかし、こう答える人もいるのです。

「無関心」


何が違うのでしょうか？

たとえば、「黒色」と「白色」は一見反対に見えますが、「どちらも色がついている」という点では、「同じ種類のもの」と言えます。「愛」と「憎しみ」も、一見反対に見えますが、「どちらも相手に関心がある」という点では、「同じ種類のもの」と言えます。私たちの日常には、一見反対だけど、実は同じ種類とも言える物がたくさん存在しています。それは、一見すると不幸にしか見えなかったことが、時が経つうちに、かけがえのない物になるように。

それでは、あなたにもうひとつ質問です。

「成功の反対って何だ？」

考えてみてください。わかりましたか？

そうです。「何もしない」です。

成功と失敗は、「一歩を踏み出す」という点において、結局同じ種類の物です。ですから、人生は2種類しかないのです。「成功も失敗もする人生」と「成功も失敗もしない人生」、あなたは、どちらを選びますか？

その一歩を踏み出さなければ、成功も失敗もない。ドラマははじまらないのです。

チャレンジして失敗を恐れるよりも、何もしないことを恐れろ。

——by 本田宗一郎

45

演技は努力しなくていい。性格を努力しろ。

by 萩本欽一

出典◉『ユーモアで行こう！』

心まで写るカメラ

写真家の橋本和典さんから、こんな話を教えてもらいました。

たとえば、同じくらい美しいモデルがふたりいた場合。同じレベルのふたりですから、どちらが選ばれるかは意見がわかれるところです。でも、こういう場合、数十人、数百人と、できるだけ多くの人に見てもらうと、はっきり傾向が現われるのだそうです。

最後に選ばれるのは、必ず感じがいいほうのモデルなんだとか。

感じがいいというのは、つまりはやさしさ、性格です。

写真だけで選んでも、やさしいほうの人が選ばれるなんて、写真のどこかに、そのやさしさはちゃんと写っているのでしょうね。

ちなみに、萩本欽一さんもこう言っています。

「僕は長いことテレビをやってて、『あいつはうまいから使おう』なんて話、聞いたことない。一番使われるのは、『あいつはいいヤツだから使おう』っていう、この言葉が多いのですもん。だとすると、演技なんかより性格を磨いたほうがいいよ」

性格こそ、究極の才能のようです。

だから、人を蹴落とそうという思いがあるなら、いくら頑張っても、逆に遠回りをすることになる。

技を磨こうとするより、心、魂を磨くこと、人間としてすばらしい生き方をすることのほうが、舞台に立った時の存在としては大きいと思うんです。

――by 森下洋子

運命は性格の中にある。

――by 芥川龍之介

参考◉橋本和典 kazufoto.com

Part 5

《ムダなことなど何もない!》

「新しい自分」を見つける、出会いの言葉

46

見えないところを
きれいにすると、
見えるところが
光りだす。

by 松下幸之助

KAISETSU 46

一秒で相手を虜にする法

「ここの服、なんかいい」

と、思っていたら、5年後、その日本人デザイナーはパリコレにデビューし、いまや海外でも高く評価されています。

彼がまだ無名の頃から、なぜそのブランドの服がいいと思ったかというと、実は「裏地」がよかったからなのです。

ディテールに気合いを感じた。

裏地にデザイナーのこだわりを感じたからです。


見えないところにも、まったく手を抜いていない。


このデザイナー、服を作ることにきっと命を賭けている。

そう感じたので一発で好きになったんです。

その後、このブランドは大人気で、お店に入るのに一時間以上も並ぶ日もありました。そのショップは地下にあり、看板もないにもかかわらず、この盛況ぶりです。

こだわりは隠していたって、伝わってしまうものなんですね。

やっぱり、見えないところに天使は宿るんです。

映画監督の黒澤明さんは、

「一生懸命に作ったものは、一生懸命見てもらえる」

と言っていましたが、その通りだと思います。

そのデザイナーが作った服、家に帰って脱ぐときも、僕はやさしくハンガーにかけていますから。

47

外見的なことばかりで
鏡を見ないで、
自分と対決するために
鏡を見る。
これがほんとうの
鏡の見方だ。

by 岡本太郎

自分革命!

いままでの古い自分を倒し、新しい自分と出会いたいと思うときはありませんか?

そんなときは、明治維新の立役者、坂本龍馬がいかにして革命を成し遂げたかが、とても参考になります。

倒幕。264年間続いた江戸幕府を倒した坂本龍馬には、こんな逸話が残っています。

当時、土佐藩では長刀が流行していましたが、龍馬は短刀。

「なぜ短刀なのか?」と友人が聞くと、「実戦では短い刀のほうが取り回しがよいから」と龍馬は答えました。

友人はさっそく短刀を差し、龍馬に会いに行くと、彼は懐から拳銃を出し、「銃の前には刀なんて役に立たない」と言いました。

納得した友人は拳銃を買い求め、再び彼に会ったところ、龍馬は何と言ったか?

万国公法(国際法)の洋書を取り出し、

「これからは世界を知らなければならない」

龍馬はまず土佐藩を藩脱し、自分を縛っていたものから脱出しました。そして、日本初の株式会社となる亀山社中・海援隊を結成し、貿易をはじめます。

「鎖国」という枠の中で暮らしていた時代に、龍馬は自由の身になり、異国の智恵を取り入れたのです。

龍馬は視野が違った。見えている風景が圧倒的に違ったのです。だから世の中の流れが見えた。流れが見えた人だけが革命を起こせます。

さて、古い自分を倒すためにどうするか？

それは「出会う」ことです。

「こんなふうに生きている人がいるのだ」「こんな考えがあるのだ」と、自分の常識を蹴飛ばしてくれる異邦人と出会うことです。

それが「自分維新」の鍵を握っています。

異邦人は教えてくれます。

自分はこんなに狭い価値観に縛られていたのかと。

そこに気づくこと。いつだって、革命はそこからはじまります。

「命」を「革（あらた）にする」と書いて「革命」です。

48

愛される女は
かわいいけれど
愛する女は
かっこいい。

by 黒木 瞳

KAISETSU 48

幸せの方程式

ある高校の先生が、卒業生たちにこんな言葉をプレゼントしました。

「あなたが美しいのは、愛されようとするときより、愛するとき」

聖書の中にある、先生お気に入りの言葉だとか。

僕も子どもが生まれて、愛することと愛されることに関して、気づいたことがあります。

子どもを思う気持ちと、恋愛で相手を思う気持ちで、決定的に違うところがあるのです。

僕は寝る前に、子どもたちの寝顔を見ながら、しばらく頭をなでているのですが、それが一番の幸せタイムなんですね。

子どもはもちろん僕の頭をなでてくれるわけでもないし、「とうちゃん、大嫌い」なんて言うこともしょっちゅうです。

でも、それでもいいのです。

大切な人がこの世界に存在してくれること、それだけで、もう最高にうれしいのです。

子どもが生まれてはじめて、愛されるより愛するほうが幸福感が深いということに気づきました。


愛することは愛されることよりよほど大切だと思います。

——byオードリー・ヘップバーン

いま、片思いのあなたへ。

もちろん両思いになりたいですよね。

でも、この世界に、心から好きな人がいるって、それだけでとてもステキなことなのです。

愛すること、すでにそこに幸せがいっぱい詰まっているから。

49

雨の日には雨の中を。
風の日には風の中を。

by 相田みつを

出典◉『雨の日には……』

闇に光る宝物

以前、読者の方からこんなメールをいただきました。

◆◆◆◆◆◆◆

私は夕焼けのピンクが大好きです。

「今日はすっごいきれいなピンク色の空！」

と思ってサングラスをはずしたら、

「あれっ？　普通の夕焼けだ……」

もう一回サングラスかけて見ると、濃くてきれいな夕焼けの空が広がっていました。

黒いフィルターを通して見たほうが美しいときってあるのですね。

つらくて闇の中でもがいているとき、「早く出口を見つけたい」とそればかり考えて、必死になってしまいがち。

だけど、周りを見回す勇気さえあれば、もしかしたらそこは光の世界よりも、もっともっとすばらしく美しい世界が広がっているのかもしれない、と思いました。

◆◆◆◆◆◆◆◆

失恋したときにしか見えない風景もあるし、闇の中でしか拾えない宝物がありま す。

雨の日には雨を楽しみ、風の日には風を楽しむ。

晴れの日は枝が伸びる。雨の日は根が伸びる。

――by福島正伸

出典◉「夢を実現する今日の一言」

50

私は長生きした。
この間、多くの不安を
抱えてきたが、
そのほとんどは
現実には起こらなかった。

by マーク・トゥエイン

悩みの96％は取り越し苦労

アメリカのある大学が「心配事」に関する調査を行ないました。

すると、心配事の80％は実際には起こらずに済んでいたことがわかりました。


おめでとう！

あなたの悩みの80％は、実際には起きないということです。

本当に起きてしまうのは、残りの20％。

しかし、その20％のうちの80％は、順序立てて整理し、準備さえ怠らなければ、大事に至る前に解決できるのだそうです。


ということは、どうしたらいいのかわからないような心配事は、実は全体のわずか4％。

つまり、あなたを悩ませていることの96％は、本当はただの取り越し苦労（96・クロー）だと言えます。

そのように、取り越し苦労（96）だと割り切ると（÷2）と、ほら、幸せ（48）になるのです。


未来のことを考えて、不安になるのはもうやめませんか？

心配事は来たときに悩もう。

大丈夫。心配事の96％はやって来ませんから。


もし、来てしまったら、どうするか？

そのときは受け止めてください。だって、4％というわずかな確率をくぐり抜けて、わざわざあなたのところへ会いに来てくれたのですから、ありがたいじゃないですか。

実は、その4％があなたを成長させてくれる種になるのです。

悩むからこそ、人は新しい自分に向かうのですから。

「成長ホルモン」の成分表示＝4％の心配事、という図式です。

51

「何によって
人に憶えられたいか」を
自らに問い続ける。

by ピーター・ドラッカー

出典◉『非営利組織の経営』

KAISETSU 51

最強の伝説を作れ！

お墓に言葉を残す、墓碑銘。

フランスの作家、スタンダールは自分の墓に刻む言葉をこう指示しました。


「生きた、書いた、恋した」

アンドリュー・カーネギーは、

「己よりはるかに賢き者達を率いた男、ここに眠る」

と記しています。


人間には、たったひとつだけ例外のないルールがあります。

それは、いつか必ず、人生最後の日がやって来る、というルールです。それは明日かもしれない。5年後かもしれない。それはわかりませんが、必ず、今日がファイナルという日がやって来ます。

そのときに笑って死ねるか？　そのときに後悔はないのか？
勝負はそこです！

あなたはお墓にどんな言葉を刻みたいですか？
どんなふうに語り継がれたいですか？
どんな伝説を残したいですか？
そのために、今日、何をしますか？
自分が死ぬときから、いまの自分を眺めてみればいいのです。
ちなみに、こんな墓碑銘も実際にアメリカにあります。
「隣の墓の人、実は生きているって知ってた？」

僕の墓碑銘もすでに決めています。

あなたが大好きです！　来世こそ僕とつき合ってください。

――byひすいこたろう

52

ホームラン王は三振王。

by 山崎拓巳

出典◉『ポケット成功術』

9回裏から人生ははじまる！

友達の菅野一勢さんがこんな本を出しました。

『時給800円のフリーターが207日で1億2047万円稼いだいちばん簡単な方法』（イースト・プレス）

すごく長いタイトルですよね。ちなみに菅野さんも間違って覚えていました(笑)

菅野さんは電子メールもできないうちから、インターネットでビジネスをはじめ、一年もしないうちに1億円プレイヤーになってしまいました。

「どうして一年でそんなに結果を出せたの？」

と聞いたところ、彼はこう言いました。

「学校のテストって、どこが試験に出るか先生に聞いても、教えてくれませんよね。でも、ビジネスの〝テスト〟では、どこが出るか、僕にはわかるんです。それは失敗すること。失敗すると、自分には何が足りないのか、何がわからないのかが、すぐにわかる。だから、僕は一秒でも早く失敗しようって心がけていました。成功するって、そんなに難しいことではなくて、失敗を積み重ねていけば、いつか成功してしまうもの。成功ってただそれだけのこと」

彼は「失敗は小さな成功」と言っていました。

それに、失敗を笑い話にできる人こそ、人間としてかっこいいなと思います。

失敗が人生をおもしろくするから。


あなたは最近、三振していますか？

人生は三球三振、「スリーアウトチェンジ」からはじまります。

ＣＨＡＮＧＥから、ＣＨＡＮＣＥは生まれる。

だから、ＣＨＡＬＬＥＮＧＥあるのみ！

53

これで、いいのだ。

by バカボンのパパ

Pi

KAISETSU 53

ベストカップルの条件

妻と「すごく合わないな」と思っていた時期があります。

きっと妻もそう思っていたと思います。

結婚して4年経った頃から、あまりにも価値観が違うことに気づきはじめました。

彼女は映画も見ず、本もそれほど読まず、たまにはおいしいレストランに行こうと誘っても乗り気にならず、旅行にもさほど興味を示さない。それでいて、掃除や洗濯など、日常のことにたっぷり時間をかける。彼女には好奇心という物がないのかと、僕は一緒にいて思ったのです。新しい世界を見たくないのか？　って。

でも、次第にわかってきました。

彼女は映画を見なくても、おいしいレストランに行かなくても、旅行に行かなくても、本当に普通の毎日の中で楽しさを見出し、それに不満がないことに。

新しいことに自らドンドン触れていきたい僕。

なじみ親しんでいる物を深く深く愛したい彼女。

非日常を好む僕。日常を愛する彼女。

僕の価値観だけが正しいわけではないことに気づきました。

彼女は彼女でいいんだ。ただ、僕とは違うだけ。

そして、違うからこそ、お互いにバランスがいいし、そもそも違うからこそ彼女に惹かれたんだ！　磁石のN。それに引き合うのはS。

「これで、いいのだ」「それも、いいのだ」「あれも、いいのだ」

この原稿を書いている僕の机の上には、妻とつき合いはじめた頃の写真が飾ってあります。子どもが「この写真の人、だれ？」って言うくらい、写真の妻は若いです。確かにかなりのときが流れている。

先日も妻が鏡を見ながら、「ああ、老けたなー」と言っていました。

でも、その隣で歯を磨いていた僕は、感じていたのです。

これだけの時間を、一緒に積み重ねてこられたことの喜びを。

人生、これでいいのだ！

54

迷ったら迷わず楽しい道へ行け。

by てんつくマン

HOME
GO!

この世は神様の夢の中!

学生のときに、すごく知りたかったことがあります。

それは、「宇宙の果てはどうなっているか」ということ。

宇宙が有限だとしたら、宇宙の果ては壁みたいになっていて、「この先、立入禁止。ここが終わりです」とあるわけですよね?

でも、それって全然想像できない。

だから、きっと宇宙は有限じゃなくて無限なんだ。

でも、今度は無限であることが想像つきません。

そもそも、無限なものって、この世界にあるのだろうか?

ずっと考えました。そうしたら、あったのです。

無限の場所がこの世界にただひとつ……。

ちょうどそんなことを考えていた頃の話です。

通っていた学校の校舎の近くには、小川が流れていました。

僕はそこで土を掘って遊んでいました。

すると、お金が出てきたのです。

5円、10円、100円……。掘れば掘るほどお金がザクザク出てくるのです！

「どうなってるんだ！」。僕はドキドキしました。

……しかし、そこで目が覚めました。

夢でした。

実は、このあとも何回かまったく同じ夢を見ました。あるとき、「これは夢だ！」って夢の中で気づいたのです。そこで僕は、お金を握りしめました。

これだけ強く握りしめれば、夢から覚めてもこの世界にきっとお金を持って来られるはずだと、夢の中の僕は考えたんですね。

さて、夢から覚めました。僕の手の中に、お金はあったと思いますか？

それが、なんと、あったのです！

握りしめたお金の「感触」が、確かにあったのです。

その感触は夢から覚めたあとも残っていました。夢の世界の出来事なのに、確かにお金の感触を感じていた。

だから、ひょっとしたら人間は、意識だけでも生きられるのかもしれないと思いました。

あの世（意識だけの世界）は、実は本当にあるのではないかって。

いや……。逆かもしれない。

いま生きている世界こそが、本当は夢ではないか。幻ではないか。

そんなことを考えていたら、無限とはどういうことなのか、気づいたのです。

あった！

この世界にたったひとつ、無限の場所が。

それは、夢の中！

夢の中は無限です。

夢の中の空間は、無限なんです。

やっぱり、ここは夢の世界なんだ。

きっと僕らは神様の夢の中で遊んでいるだけなんだ。

そう思ったら、僕の悩みは小さくなっていきました。

夢の中であれこれ悩んでいる自分を想像したら、なんだかすべてを笑い飛ばしたくなりました。


僕らは神様の夢の中で遊んでいるのです。

だから、迷ったらいつだって楽しい道へ。


GO！　GO！

人生は、神様の夢の中。

あとがきにかえて――出会いは神様からのギフト

日野さおり

私が絵描きになろうと思ったきっかけで、ひすいさんにお話ししていなかったことがあります。

「私をここへ運んでくれたんだ！」っていうエピソードを書かせてもらいます。

実は、ひすいさんとお会いする前に、ある人との出会いがありました。

その人のことがすごく好きで、その人のことを思うと、何も手につかなくなってしまうほどでした……。

最後には苦しくてどうにもならなくなって、自分の思いを伝えるために、手紙を書きました。

結局、その人とはうまくいかなかったのですが、ちょうどそのとき、福島先生のスクールに行くことになり、絵を描くことを決めました。

そして、私は彼を思っていたエネルギーのすべてを絵を描くことに注ぎました。そうでもしないとやり切れなかったのです。

でも、あらためて考えると、そのことがあったから、心の底から描くエネルギーが湧き上がってきたのです。

ふり返ったら、この一冊の本を作るために、私は1500点以上もの絵を描いていました。

彼が夢を持って頑張っている人だったから、私も「よし、とことんやろう!」って思えた。

自分で自分の人生を切り開こうって思えた。

この出会いが、間違いなく神様からのギフトだったって、いまわかったのです。

そう思うと、どんな出来事も、どんなつらいことさえもすべて、いいことにつながっているのですよね?

ひすいさんが私に言ってくれた言葉、

「いまの自分はどんなにヘボだっていい。僕だってヘボだよ。でも、それは問題ではない。

大事なのは、いまの自分のまま、いまの自分にできることをすることだから！

成長したいなら、いま、ここで描きまくればいい」


それからの私は無心に描きまくりました。

情けないと思う自分でも、そこからはじめればいいんですよね？

ダメな部分も隠さなくていいんですよね。


どんなときも、ありのままに、いま、ここから！

いまの自分のまま、いまの自分にできることを！

どんな
つらいことも
悲しいことも
嬉しいことも
楽しいことも
みんな
いつかのいい日のために
あるのよね。

by 笹田雪絵
出典◉『幸せ気分』

さいごに……

あなたがさびしいとき私もさびしいよ。
あなたがうれしいとき私もうれしいよ。
だって私はあなたの小さな親友だから。
だって私は一生あなたの友だちだから。

満天の星空のように、あなたに幸せが降り注ぎますように！
今日もそう祈ってます。

ずっとあなたのそばにいるから。
あなたが大好きです。

Forever a little friend for you.
一生よろしく！

☺ひすいこたろう

次はここでお会いしましょう！

メールアドレスをご登録いただくと、
ほぼ毎日、真夜中に「名言セラピー」が届きます。
無料です！

3秒でHappy？　名言セラピー
by 天才コピーライター
http://www.mag2.com/m/0000145862.html

あなたの大好きな名言も
ぜひ教えてください。
本の感想なども待っています♪

ひすいこたろう
hisuikotaro@hotmail.co.jp

日野さおり
saoring3063@mail.goo.ne.jp

★ Special Thanks ★

(敬称略・掲載順)

横田征人、古川広明、松浦康裕、
あやの、山本舵依介、たけ、ふぐすま菅野、諒、
中居なほ、まるる、
ミラクルHappyあきこ、デコ、ようすけ、
あや、サヤ、かほり、NINA、KYOKO、
雅子、すっこやか、アンチョビ、Hiro、恵

★ Special Special Thanks ★

(敬称略)

福島正伸、小田真嘉、
ほんとも隊長、おもちかあちゃん、穴田淳子

なお、本書収録の名言中、出典の明らかでないものは、
新聞、雑誌、テレビ等での発言を再録したものです。

【出典】

『インナーチャイルドの癒し』越智啓子（主婦の友社）、SEIKO「一秒の言葉」小泉吉宏、『にんげんだもの―こころの暦』相田みつを（三和技術）、『雨の日には……』相田みつを（文化出版局）、「anan（NO.1628）」（マガジンハウス）、メールマガジン「【宝地図】夢を叶える88話」望月俊孝http://www.mag2.com/0000107496.html、『金子みすゞ全集』（JULA出版局）「私と小鳥と鈴と」「星とたんぽぽ」より、『明日が待ち遠しくなる言葉』中山庸子（三笠書房）、『生命の暗号』村上和雄（サンマーク出版）、『宇宙が応援する生き方』小林正観（致知出版社）、「Straight（2006.6月号）」（扶桑社）、『厄除け詩集』井伏鱒二（日本図書センター）、『寺山修司 少女詩集』（角川書店）『坂口安吾全集7』（筑摩書房）、『キン肉マン』ゆでたまご（集英社）、『恋するために生まれた』江國香織・辻仁成（幻冬舎）、『ポップスインジャパン』萩原健太（新潮文庫）、フリーマガジン「ahead homme vol.54（May2007）」、『明日を支配するもの』P.F.ドラッカー　上田惇生・訳（ダイヤモンド社）、『経営者の条件』P.F.ドラッカー　上田惇生・訳（ダイヤモンド社）、『非営利組織の経営』P.F.ドラッカー　上田惇生、田代正美・訳（ダイヤモンド社）、『千年語録』サライ編集部編（小学館）、『山崎拓巳の道は開ける』山崎拓巳（大和書房）、『法華経を拝む（上）』荒崎良徳（国書刊行会）、『天国はつくるもの』てんつくマン（クラブ・サンクチュアリ）、『芸術家になる法』対談池田満寿夫／金田石城（現代書林）、『五体不満足』乙武洋匡（講談社）、「女性自身（2008.9月9日号）」、「ことだまメッセージ」山下弘司http://kototama.seesaa.net/、『深呼吸宣言3』橘川幸夫（オンブック）、メールマガジン「夢を実現する今日の一言」福島正伸 http://www.mag2.com/m/0000233971.html、『人魚姫・裸の王様』寺山修司（マガジンハウス）、『漢字幸せ読本』ひすいこたろう＋はるねむ（KKベストセラーズ）、『五つ星のしあわせ漢字セラピー』ひすいこうたろう＋はるねむ（ヴィレッジブックス）、『ユーモアで行こう！』萩本欽一（ロングセラーズ）、橋本和典HP http://www.kazufoto.com/、『ポケット成功術』山﨑拓巳（サンクチュアリ出版）、『幸せ気分』笹田雪絵（魔女の翼）

本書は、本文庫のために書き下ろされたものです。

心《こころ》にズドン！　と響《ひび》く「運命《うんめい》」の言葉《ことば》

著者　ひすいこたろう
発行者　押鐘太陽
発行所　株式会社三笠書房
〒102-0072 東京都千代田区飯田橋3-3-1
電話　03-5226-5734（営業部）03-5226-5731（編集部）
http://www.mikasashobo.co.jp
印刷　誠宏印刷
製本　宮田製本

ISBN978-4-8379-6484-1 C0130
JASRAC 出0816826-112

王様文庫

王様文庫

Happy《しあわせ》名語録

ひすいこたろう＋よっちゃん

口にする言葉がすべて〝現実〟になるとしたら……？　本書は天才コピーライターが、毎日が「いい気分」でいっぱいになる〝魔法の言葉〟を選び抜いた名言集。読むだけで人生の流れが変わり、「心のモヤモヤ」が晴れていくのをきっと実感できるはずです！

3日で運がよくなる「そうじ力」

舛田光洋

10万人が実践し、効果を上げた「そうじ力」とは――①換気する②捨てる③汚れを取る④整理整頓⑤炒り塩、たったこれだけで、人生にマイナスになるものが取りのぞかれ、いいことが次々起こります！　お金がたまる、人間関係が改善される……etc. 人生に幸運を呼びこむ本。

読むだけで運がよくなる77の方法

リチャード・カールソン【著】
浅見帆帆子【訳】

シリーズ累計24カ国で2600万部突破！　365日を〝ラッキー・デー〟に変える77の方法。朝2分でできる開運アクションから、人との「縁」をチャンスに変える言葉まで、「強運な私」に変わる〝奇跡〟を起こす1冊！　『〝こうだといいな〟を現実に変えてしまう本！』（浅見帆帆子）

K30084